BEWUSSTSEINS®
AKADEMIE

Kristina Hazler

BewusstseinsCoaching 6
Die innere Instanz

BEWUSSTSEINSCOACHING 6

Die innere Instanz

Kristina Hazler

1. Auflage

© 2017 BewusstseinsAkademie, Wien

Lektorat: BewusstseinsAkademie, Wien

Umschlaggestaltung: © BewusstseinsAkademie, Wien

Umschlagmotiv: © zffoto/shutterstock

Printed in Germany by Amazon Distribution GmbH

ISBN: 978-3-903014-21-3

www.BewusstseinsAkademie.com

Das SelbstErkennen während

des Lesens dieses Buches ist nicht

zufällig, sondern möglich.

Ich bin aus meiner lebendig anmutenden,

schöpferischen Ebene abgestiegen

um in den begrenzten menschlichen Welten

(auch Illusion genannt)

zu erleben und zu erfahren

dass sich etwas menschlich echt anfühlen kann,

das gar nicht wahr ist.

– Kristina Hazler –

Inhalt

˙VORWORT

Unglaublich aber wahr! Sie halten in Ihren Händen bereits den sechsten Band meiner BewusstseinsCoaching-Reihe. Die Idee hinter diesen BewusstseinsCoachings ist es, den interessierten Menschen ein selbstermächtigendes Werkzeug anzubieten, welches Ihnen ermöglicht, sich in den Zeiten der Bewusstseinswandlung, des Übergangs und Umbruchs zu orientieren, zu reflektieren und immer wieder aufgrund der neugewonnenen Sicht, bei gleichzeitiger Horizont- und Bewusstseinserweiterung zu stabilisieren. Meine Arbeit darin: das Potential und die Möglichkeiten aufzuzeigen, die Augen für diese zu öffnen, um Sie anschließend damit spielen und experimentieren zu lassen.

Die voranschreitenden Menschen vergessen oft auf ihrem Bewusstseinspfad, dass jede neue Erkenntnis, jeder Bewusstseinsupload eine Ausdehnung des Bewusstseins und des energetischen Systems darstellt. Eine physische und psychische Grenzüberschreitung bringt einen verstärkten ungewohnten Informations- und Energiefluss mit sich, mit dem man zuerst lernen sollte zurechtzukommen. Mit der Zeit und mit der Übung werden jedoch die Phasen, bis sich alles nach einer „Bewusstseins-Injektion" beruhigt hat und bis man wieder ins Gleichgewicht findet, immer kürzer.

Jeder neue Schritt in die (Bewusstseins)Erweiterung bedeutet das betreten einer neuen Welt, in der man lernen „muss", sich zu orientieren, zu bewegen, zu handeln, zu denken und zu lieben – mit anderen Worten gesagt – sich selbst wieder zu finden (sich zurechtzufinden).

Solange man kein Respekt und keine Rücksicht zu sich selbst als Mensch, zu dem eigenen Menschsein entwickelt hat, gibt es oft kein Weitergehen, weil sonst eine Überforderung und eine Art verbrennen bzw. durchdrehen vorprogrammiert wäre. Man „muss" sich (entgegen der enormen Geschwindigkeit in unserer Gesellschaft und dem sich virusartig ausbreitenden Leistungsgedanken) darin üben, für sich selbst, für den Körper und das Energiesystem ausreichend Zeit zu nehmen, bzw. sich die Zeit zu geben um die mehrschichtige, multidimensionale Informationsflut zu verarbeiten und sich der neuen, erweiterten Ebene anzupassen. Und genau dafür sind diese BewusstseinsCoachings gedacht. Sie sollen sie behutsam, geduldig, aufmerksam und doch individuell bewusstseinsklärend und -erweiternd einen Schritt nach dem anderen durch die bahnbrechende, grenzüberschreitende Zeit und durch Ihre persönliche Transformation begleiten.

Das Neue in diesem Band: Als Unterstützung und Hilfe für die Individualisierung der Coachings habe ich Platz für Ihre persönliche Notizen auf den Schlüsselstellen erschaffen.

Gehen Sie den gestellten Fragen aus Ihrer eigenen Warte nach, fühlen Sie tief in sich hinein und schreiben Sie intuitiv die Antwort auf, die sich auf die Oberfläche drängt, ohne diese zu werten. Es können nur Stichwörter, Beschreibungen von aufkommenden Gefühlen, Bildern usw. sein. Lassen Sie sich von Ihrer Seele, Ihrer inneren Stimme, Ihrem inneren Coach leiten.

Die meisten Kapitel entsprechen einer ca. 2,5 stündigen Coachingsitzung, einige einer Doppelsitzung. Nehmen Sie sich nach Bedarf ausreichend Zeit um zu reflektieren.

Falls Sie die anderen Bände noch nicht gelesen haben, dann fragen Sie sich vermutlich, wer ist eigentlich der BewusstseinsCoach:

Es handelt sich um eine umwandelnde, transformierende Energie, die klärt, anspricht, sichtbar macht – ohne Umschweife, ohne sich „ein Blatt vor den Mund zu nehmen". Sie begegnet den Menschen dort, wo er sich gerade (in seiner Entwicklung) befindet und spricht für ihn das an, was er gerade braucht. Jeder Mensch nimmt sich aus dem Text und Subtext genau das für ihn Richtige.

Suchen Sie hinter der Energie, die hier als Coach auftritt, die ein Synonym für Bewusstseinstransformation geworden ist, keinen Menschen. Suchen Sie dahinter Ihr eigenes Gefühl, Ihr

Gespür, Ihre Wahrnehmung, Ihre Intuition und die eigene innere Wahrheit und Weisheit. Jedem kann nur das begegnen, was er braucht, für was er bereit ist. Viele Menschen brauchen derzeit ihre alte Glaubensätze, Überzeugungen und Vorstellungen loszulassen, sie zu transformieren, um ihr eigenes Wissen und Bewusstsein zu klären. Und dazu brauchen verschiedene Menschen verschiedene (Qualitäten von) Coaches – genau so, wie im wahren Leben. Der eine braucht einen „netten" Lehrer, der andere einen „strengeren". Hier wurde ein BewusstseinsCoach gewählt, dem man ab und zu mal seine Strenge oder seinen schmunzelnden Sarkasmus, mit dem er gewisse verfahrene Menschlichkeiten aufzeigt, verzeiht.

Alle BewusstseinsCoaching-Bände sind in der Sprache des Herzens geschrieben. So ersuche ich Sie um ein wenig Nachsicht, wenn ich der, in den Zeilen beinhalteten Energie und im Subtext enthaltenen Botschaften den Vortritt vor der reglementierten Sprachkorrektur gegeben habe, wenn diese sie verzerrt hätte.

Ich bedanke mich und wünsche Ihnen viele bewusste Augenblicke beim Lesen und Erfahren der nachfolgenden Coachings und der BewusstseinsGespräche.

Kristina Hazler

AUS DER WÜSTE

Am besten beschreibt mich diesmal, wenn ich sage, ich fühle mich nicht als ich selbst. Kaum ein Tag, an dem ich das Leben und Lebendigkeit in mir spüre. Diese wundervoll stille, flie-ßende, begeisternde, inspirierende Bewegung. Diese leichten Atemzüge voll Frische, angenehmem Duft und einer unhör-baren Musik. Der Balsam für mich, meine Seele. Mein Geist scheint derzeit im dunklen Mittelalter gefangen zu sein, düster, verloren, keinen Ausgang findend. Nichts scheint dort zu sein, wo es zu finden, zu erkennen, zu erleuchten, zu klären war.

Ist es das? Das Spiel?

Einen wunderschönen guten Morgen! Erschrecke dich nicht, dass ich scheinbar aus der Dunkelheit zu dir spreche und dass du mich so dumpf hörst, empfindest. Ich spreche nicht aus, sondern durch die Dunkelheit und ob es überhaupt die Dunkelheit ist, das werden wir uns gleich ansehen. Du bemerkst verschiedene Veränderungen, die dir eigentlich auch gleichzeitig verraten, um was es geht. Deine Ohren sind zugegangen, wie bei einem größeren Höhenunterschied, als wenn du versuchst, unter Wasser den Tönen der wohltuen-den Musik zu lauschen, die aus der Ferne kommt, und das Wasser, in dem du dich befindest, es auf eine eigenartige Weise überträgt. Genauso verzerrt empfindest du jetzt auch meine Stimme, die zu dir „aus der Ferne" durch diese Schichten/ Wellen gelangt. Aber ist es nicht großartig? Ist es nicht eine neue Erfahrung, dass du auch unter der „Wasseroberfläche" lauschen und zuhören, mich sogar gut, ausgezeichnet hören kannst?

Ist es nicht großartig zu wissen, dass wir unseren Kontakt, unsere Gespräche pflegen können, ohne dass du wirklich auftauchen, ohne dass du den Raum, in dem du dich befindest, tauschen musst, was oft mit einer großen Anstrengung für deine Seele und den Körper verbunden ist? Ist es nicht großartig, dass man sich auf beiden Seiten des Ufers[1] erreicht, egal wie weit sie voneinander entfernt zu sein scheinen, egal wie groß der Höhen/Tiefenunterschied ist? Hättest du das gedacht? Dass dich in der tiefsten Ecke der Schall meiner Stimme erreicht? Glaubst du nicht, dass ich der Spezialist

---

1   Das Ufer ist eine Metapher, das im **BewusstseinsCoaching 4** und **5** benutzt wird um besser die Wirkung, Bedeutung und Sinn- oder Unsinnhaftigkeit der getrennten Welten aufzuzeigen. Das linke und rechte Ufer, scheinbar durch einen Fluss voneinander getrennt, bilden zusammen mit dem Fluss eine Einheit. Ohne Ufer kein Fluss. Verbringen wir jedoch das Leben nur auf der einen Seite des Ufers, erleben wir nur eine Seite der Realität. Polarität bedeutet auch, zwischen diesen beiden Ufern zu pendeln. Der eigentliche Fluss stellt für mich die harmonische Mitte zwischen den beiden „Polen" dar. Es stellt sich aber eine philosophische Frage, ob der Fluss nicht erst aufgrund der beiden Pole entsteht – zumindest in unserer menschlichen Realität. Ähnlich wie mit der Henne und dem Ei können wir uns fragen, was zuerst da war, die beiden Ufer oder der Fluss? Eine übergeordnete Antwort darauf wäre wahrscheinlich, dass alles gleichzeitig und gemeinsam geschieht und so entstehen Ufer gemeinsam mit dem Fluss.

für solche Sachen bin? Glaubst du nicht, dass es der Sinn ist, warum ich mich selbst unzählige Jahre/Leben/Welten in diesen Tiefen bewegte? Ich bin froh, dass du so weit bist, dass du es wagtest, den Kontakt, das Gespräch auch aus diesem Zustand heraus zu „riskieren". Nicht, dass ich je daran gezweifelt hätte! :) Und nicht, dass es ein Zufall wäre, nicht wahr?! ;)

Welche Fragen beschäftigen dich heute?

Mein Gehirn scheint derartig verklebt zu sein, dass es kaum fähig ist, Fragen zu kreieren bzw. zu übersetzen, zu formulieren. Gedanken und Ideen die auftauchen, verflüchtigen sich gleich im nächsten Moment. Mich an sie zu erinnern funktioniert nicht … Ich bin damit beschäftigt etwas zu finden, dass ich vor einer Minute, Stunde, gestern, vorgestern dachte, fragte, träumte, las, sprach. Es zwingt sich mir die Frage auf, warum fühlt sich mein Gehirn, oder was auch immer das ist, so verklebt und benebelt? Warum klappt es mit den Erinnerungen nicht? Warum fühle ich mich am Rande der Demenz oder des Alzheimers bzw. der kompletten Verblödung zu sein?

Schmutz, meine Liebe! Schmutz ist die Ursache. Immer und überall! In jeder Pore deines Selbst befindet sich Schmutz, weil du dich im Schmutz befindest. Dieser Schmutz lässt dich nicht deine gewohnten Instrumente benutzen. Es ist, wie wenn du tagelang in der Wüste weilen würdest, ausgestattet mit feinen Instrumenten und … du weißt: der Sand dringt überall ein, was den Tod für jegliche Feinmechanik bedeutet. Und wenn der Sandsturm endlich vorüber ist, sind sogar auch die gröberen Dinge außer Gefecht gesetzt. Du weißt aber, du bist nicht das Instrument!!! Du bist derjenige, diejenige, dasjenige, die es lediglich erfährt, wie es ist, wenn die Instrumente nicht oder verzerrt funktionieren! Die, der, das, was beobachtet, wie es ist, mitten in der Wüste zu stecken, wenn der Himmel nächtelang von Wolken verdeckt ist und man sich nicht einmal mehr an den Sternen orientieren kann.

Du bist nicht das, was nicht denken kann!!!

Du bist zwar das, was denkt, aber aktuell die Gedanken nicht bis zu sich selbst in „die Wüste", auf dem GEWOHNTEN PFAD, transportieren kann!!!

Du bist aber auch der-, die-, dasjenige, die über die Gegebenheiten der Wüste Bescheid weiß und nicht unvorbereitet in die Wüste geht!!! Bedenke das! Fühle nach, was dieser Satz bedeutet!

Du bist doch nicht jemand, der ohne akkurate, optimierte, geprüfte, ausprobierte Ausrüstung tauchen geht, oder? Bist du doch nicht diejenige, die nicht unnötig riskiert, nicht voreilig handelt, sich vor allem gerne führen und beraten lässt?

Der Sand in der Wüste hat noch eine Eigenschaft: Es bläst Sandkörner in die Augen und lässt dich nicht sehen, wer, was du bist! Vergiss also die Augen für einen kurzen Augenblick! Folge meiner Stimme … besinne dich … lasse den Sturm Sturm sein. **Du brauchst dich nicht zu erinnern, wer, was du bist. Du bist nicht nur in deiner Erinnerung, du bist nicht in der Vergangenheit. Du bist jetzt, in jedem Moment,** also „scheiß" auf das Erinnerungsvermögen (wenn ich das schon so sagen muss) und besinne dich! Besinne dich hier und jetzt, inmitten der Elemente, mitten in der (Ver)Wüstung und du wirst sehen … Du brauchst keine Erinnerung! **Du hast dich selbst immer mit, immer dabei, samt allem was du bist, ob du glaubst, es in dem Moment erreichen zu können, oder nicht.**

GLAUBE?!

Überlasse Glaube den Elementen. Lass ihn ruhig durchschütteln, durchfegen, wegwehen! Was habe ich gerade gesagt? DU bist immer du! Scheiß auf die Elemente! **Wenn der Glaube weggefegt worden ist, war er nicht deiner, er war nicht du!** Du kannst weggefegt werden, aber dann bist du an einem anderen Ort und du bist noch immer du. **Wenn etwas von dir getrennt worden ist, dann war es nicht DEINS!!!** Verstehst du? Verstehst du nicht?

Ist das Verständnis weg? Dann verstehe nicht! Dann war es nicht dein Verständnis! Besinne dich! Besinne dich! DU!

War es laut und eindeutig genug? Hast du es gehört? Verstanden?

Spürst du dich? Hörst du dich jetzt?

Schau, draußen tobt es, aber es ist nicht mehr in dir. DU bist bei dir und draußen ist draußen. Lass es sein. Wenn es toben möchte, soll es toben … Was kann es dir anhaben, was hat es mit dir zu tun?

Du fragst gerade, warum du in „die Wüste" gegangen bist?

War es diese Erfahrung nicht wert? War es nicht eine neue Bereinigungsart? Die Spreu-vom-Weizen-Trennung? Ist es nicht wunderbar? Die Wüste, die Elemente …?

Genieße es, genieße es meine Liebe … die neue Freiheit. Du brauchst nicht zu denken, was sich nicht denkt … Du brauchst dich nicht zu erinnern, was jetzt nicht da ist. Du brauchst nur zu sein, oder nicht einmal das. Du bist einfach. **DU bist JETZT!**

Wow!

Jetzt habe ich mich eine Weile gesammelt und die Freude über das gerade Besprochene und innerlich Geschehene genossen. Für mich gleicht es einem Wunder, dass ich, derart

zugeschüttet, fähig war deine Worte so klar zu empfangen.
Wobei ich für das, was wir Menschen oder ich als Wunder
bezeichnen, langsam ein klärendes Gefühl bekomme. Es
scheint, dass das Wort Wunder das bezeichnet, was man sich
selbst als etwas Unvorstellbares vorstellt; was Blödsinn ist.
Denn sobald man es sich als unvorstellbar vorstellen kann, ist
es doch vorstellbar :)

Hurrraaa! Ich bin wieder online! Ich bin wieder da! Ich denke,
ich fühle, ich „klugscheiße!". Oh, es ist wunderbar!!! Ist es
eigentlich nicht ein wunderbares Wort? Klug-scheißen? Ich
meine, ist es nicht toll, bezeichnend, transformierend, erklä-
rend, einleuchtend um was es geht?

Apropos, darf man in solchen „heiligen" Büchern über Scheiße
und Misthaufen sprechen? Darf man mit Gott so reden?

Meine Liebe, **wie willst du die „Scheiße" loswerden, wenn**
du nicht über sie mit Gott reden dürftest?

Wie soll sie transformiert werden?

Wie soll etwas Dichtes, Dampfendes, Stinkendes „kom-
postiert", sprich umgewandelt werden, wenn nicht durch
göttliche Erkenntnis? Du willst doch nicht meinen, dass
es etwas Menschliches gibt, worüber sich nicht lohnt, mit
Gott zu diskutieren? Du willst doch nicht sagen, dass es

etwas auf dieser oder einer anderen Welt gibt, worüber man mit Gott nicht reden darf? Mit wem sonst soll man über Tabus und Verbotenes, Unpassendes sprechen, wenn nicht mit Gott?

Hast du nicht den Begriff „Heilige Scheiße" gehört? Ich meine, ich kann nichts dafür, dass dieser Begriff „Scheiße" in der deutschen Sprache dermaßen derb wirkt. Warum etwas so natürliches und allen Menschen alltägliches, egal welcher Abstammung, welchen Standes sie auch sind, täglich entgleitendes derartig abwertend im sprachlichen Umgang, verwendet wird. Es ist biologisch, energetisch, gesetzmäßig und auch menschlich und lebensnotwendig – das, was man nicht mehr braucht oder das, was man nicht verdauen kann, auszuscheiden. Warum soll man das, was stinkt und nicht klar ist, bei sich behalten? Und warum soll man darüber, was man nicht verdauen kann, was Verdauungsstörungen verursacht und man trotzdem regelmäßig zu sich nimmt (aus welchem Grund auch immer), warum sollte man nicht darüber mit Gott reden sollen?

Klar gibt es Menschen, die sich dafür schämen, es zu verstecken versuchen, sogar oft zurückhalten wollen, was sie selbstverständlich krankmacht. **Etwas zurückzuhalten, überhaupt das, was stinkt und fault, was man nicht mehr braucht, heißt: Keinen Platz für Neues, Vitales zu machen.** Es heißt, sich selbst zu verstopfen, zu blockieren, den natürlichen Fluss zu boykottieren. Und wenn man sich nicht mehr selbst helfen kann, wer sonst soll einem dann unter die Arme greifen, wenn nicht Gott?

So viel für heute. Genieße dieses wunderbare Coaching und lass dich immer aufs Neue überraschen, wohin diese Geschichte überall führen kann. Eines soll dir klar sein: Es gibt nur wenige Menschen auf der Erde, die es wagen, die Scheiße anzupacken, statt sich lieber angenehmeren, anziehenderen Dingen zu widmen. Irgendjemand muss es wohl tun, nicht wahr? Sonst bleibt Scheiße immer am Dampfen und die Welt geht im Müll unter. Aber jetzt ist Schluss mit den Wortspielen! :)

Einen wunderschönen Tag wünsche ich, und erhole dich bis zum nächsten Tag. Ich verspreche dir, wir werden viel Spaß haben, und du erfährst dadurch eine weitere Befreiungsstufe.

DER SINN DES SINNLOSEN

Guten Morgen! Es ist früh am Samstagmorgen, ich bin schon munter, weil ich jetzt „erzwungenermaßen" einen Frühaufsteherrhythmus habe. Draußen scheint fröhlich die Sonne und es wird sicherlich ein wunderschöner Tag werden.

Seit dem letzten Mal sind allerhand Dinge passiert. Ich muss sagen, ich bin aus dem Staunen nicht herausgekommen. Ich meine, da sind echt seltsame Sachen in mein Leben oder in meine Welt getreten, die mich einige Tage in Schock versetzt haben.

Wo soll ich am besten anfangen? In meinem Verstand herrscht Verwirrung. Es überlagern sich hunderttausend Sachen womit ich mich auf keine einzige konzentrieren kann. Dies scheint sich wohl auch auf meinen Körper auszuwirken. Mein rechtes Auge zuckt die letzten Tage wie wild, was mich immer mehr beunruhigt. Zuerst dachte ich, es würde sich irgendein Kanal, irgendeine Bahn reinigen und irgendwann wird es aufhören, aber langsam kommen meine menschlichen Angstgedanken: Was, wenn es eine Nervenschädigung oder sogar Parkinson ist. Und aus solchem Panikdenken fällt es mir wirklich schwer mir zu sagen, dass alles einen Sinn hat, alles in Ordnung ist, alles so ist wie es ist. Ich will dann unbedingt etwas in Richtung Besserung, Heilung unternehmen. Und dazu noch die „furchtbare" Müdigkeit, aus der ich mich nicht mehr herausschlafen kann. Besser gesagt: egal, wie viele Stunden ich schlafe (und ich gehe wirklich in der letzten Zeit immer früher schlafen), ich wache jedes Mal mit dieser lähmenden, manchmal sogar aggressiv empfundenen Müdigkeit auf und habe das Gefühl, dass ich die Fahrt zur Arbeit und den Tag nicht schaffe. Wie kann Müdigkeit überhaupt aggressiv sein?

Guten Morgen, meine Liebe. Mach dir keine Sorgen wegen deinem Auge! Ich weiß, das ist leichter gesagt als getan, aber wir werden uns diese Geschichte näher anschauen. Zuerst will ich noch auf die Müdigkeit eingehen. Sie ist so ein Ding. Wir haben dieses Thema bereits in BewusstseinsCoaching 1[2]

---

2   Aus *BewusstseinsCoaching 1*, Kapitel 12 – Müdigkeit:

„... Gäbe es die Müdigkeit nicht, welche Chance hätte ein „verfahrener" Mensch, eine ihn ermüdende Tätigkeit zu unterbrechen? Das Bedürfnis sich auszuruhen bietet doch offensichtlich eine Chance, zu sich zu kommen und das „Ding" neu zu überdenken bzw. sich endlich einmal zu fragen: „Warum macht mich dies oder das müde?" Sich so eine Frage zu stellen, das wäre schon ein wunderbarer Ansatz, mit dem Hinweis „Müdigkeit" auf eine bewusstere Art umzugehen ..."

„... Die Müdigkeit ist bzw. sollte ein Hinweis sein. Nicht nur für die Umgebung, sondern vor allem für einen selbst. Man signalisiert sich selbst: „Hey, ich bin müde, da läuft etwas verkehrt. Da muss ich mich jetzt mal beruhigen, Pause machen, stehen bleiben und schauen, was es eigentlich ist, was mich müde macht ..."

„Würdet ihr euch nur ab und zu mal eure Müdigkeit ansehen, würdet ihr staunen, was für Botschaften ihr euch selbst zu übermitteln versucht und was es eigentlich ist, was euch an einer bestimmten Tätigkeit, einer Sache, an einem bestimmten Menschen müde macht. Vergesst nicht, nichts ist zufällig und nichts ist umsonst – die Müdigkeit auch nicht. Werdet euch eurer Müdigkeit bewusst. Nützt sie, wofür sie gedacht ist

gestreift. Dort wurde nicht alles gesagt, wie es scheint. Weil du der Überzeugung bist, dass die Dinge einen Sinn haben, so suchst du bei allem UN-ER-MÜDLICH nach dem Sinn. Dabei vergisst du die Sinnlosigkeit mancher Dinge, die aus dem bloßen, begrenzten, erschöpften, verkehrt geschalteten menschlichen Gehirn entsprungen sind! Ist deine Überzeugung oder sogar dein Gefühl, dass alles einen Sinn hat, dadurch falsch? Nein, nein! Wirklich nicht. Dafür haben wir gemeinsam genug Zeit miteinander verbracht und dich über Jahrhunderte trainiert. Da bist du überrascht, nicht wahr, dass ich jetzt zum ersten Mal eine eindeutige Zeitangabe mache. ;) Wird wohl an der Zeit sein, oder was meinst du?

Ich weiß nicht recht. Meinst du, ich bin so weit?

Wie immer, unser altbekanntes „Ja" und „Nein"! Wie sonst. Ja, weil eben ja und nein, weil du eben schon immer so weit warst, es nur nicht wusstest. Dass ist ja ein weiterer Punkt zum Thema Müdigkeit – dieses unermüdliche SO WEIT SEIN WOLLEN. Wie weit bitteschön? Denke/fühle dich kurz in diesen Satz „So weit sein wollen" und in seine einzelnen Worte hinein. Ja, ja … genau … wenn man bei ihnen tiefsinnig anhält, ergeben sie rein als Satz und in dieser

---

und ihr werdet Wunderbares erleben. Versucht nicht sie zu ignorieren, versucht nicht auszuhalten, durchzuhalten, die Müdigkeit auszuschalten, zu übergehen oder euch mit Hilfsmitteln aufzuputschen, um sie nicht zu spüren! Ignoriert ihr die Müdigkeit – ignoriert ihr euch selbst! …"

Kombination überhaupt keinen Sinn, außer, man spricht nicht über die Weite im Sinne von Zeit oder einer Entfernung. Alles durch den Satz Angesprochene liegt nämlich in der Zukunft und kann also nicht SEIN. Das WOLLEN deutet an, dass man eigentlich erst irgendwann in der Zukunft in einem Sein(zustand) sein will, was selbstverständlich Blödsinn ist, weil man ja bereits im Sein ist und zwar jetzt! So kann die Kombination der Worte, wenn sie Sinn ergeben sollen, nur eine persönliche Eigenschaft ansprechen und zwar das WEIT-SEIN, was ich als die Fähigkeit sich auszudehnen oder Weitblick zu haben verstehen würde. Nun haben wir hier noch dieses WOLLEN dabei, was wieder nur auf einen Wunsch hindeutet und dadurch in der Zukunft liegt, jenseits einer Feststellung, ob es doch nicht mittlerweile dem jetzigen Zustand entspricht oder ob dieser Wunsch für einen wirklich sinnvoll ist. Wird wohl nicht jedes Menschen Aufgabe sein „weit-zu-sein". Der Fokus von manchen Menschen ist in dem aktuellen menschlichen Leben eher auf einen engeren Radius konzipiert, damit sie ihre Priorität nicht aus den Augen verlieren.

So habe ich ein Beispiel für eine Art Sinnlosigkeit skizziert, und zwar so manche sinnlos zusammengereihte oder sinnlos benutzte Worte.

Aber wenn es tatsächlich auch sinnlose Sachen gibt, wieso habe ich dann dieses Gefühl, dass doch alles einen Sinn ergibt?

Ganz einfach! Weil eben auch **die Sinnlosigkeit einen Sinn hat** und zwar soll man bitte hier die Worte Sinn und Berechtigung nicht vertauschen. Ein Sinn kann alleine dadurch entstehen, weil der Mensch und seine Existenz einen Sinn im göttlichen Plan haben, wodurch auch alles, was dieser Mensch erschafft, einen gewissen Sinn haben muss. Auch, wenn der Sinn dessen sein soll, dass der Mensch irgendwann merkt, dass er sinnlose Dinge am laufenden Band erzeugt. Wie soll er sonst lernen?

Die Sinnlosigkeit führt irgendwann in eine Sackgasse. Verursacht einen Stillstand. **So ist die Sinnhaftigkeit des Sinnlosen, den Menschen auf die sinnvollen Dinge hinzuweisen, ihre Bedeutung aufzuzeigen, damit er mittels Vergleich seine freie Wahl treffen kann.**

Und so, meine Liebe, **wirst du müde sein, solange du die Lektion der Sinnlosigkeit gewisser Dinge nicht gelernt hast.** Die Lektion der Sinnhaftigkeit hast du bereits verinnerlicht und demnach kannst du dich dem Sinnlosen widmen, ohne dein Gefühl und das Vertrauen in den Sinn des Lebens zu verlieren.

Das Sinnvolle ist das, was ALLEM übergeordnet ist. Das ist immer da, das brauchst du nicht zu suchen, das hast du immer vor deinem Auge! Und so nähern wir uns langsam auch deinem Auge. Siehst du, wie sich alles schön, und sinnvoll fügt? Einen Schritt nach dem anderen, schmerzlos, unbemerkt, alles immer im Auge! Und dies ist schon deine Schlagzeile – ALLES IMMER IM AUGE BEHALTEN.

Warum sollte das einen Menschen nicht müde machen und seine Nerven aufs Äußerste strapazieren?!

Ich meine, wir können uns wieder die unerlöste Bedeutung dieses Satzes „Alles immer im Auge behalten wollen/sollen" ansehen.

Als erstes frage ich mich: Der Mensch hat zwei Augen, also warum nur in einem Auge behalten? Und wenn, dann in welchem?

Und wir haben hier auch das „harmlose" Wörtchen „ALLES", sowie sein Geschwisterchen „IMMER"! Ich meine, ALLES ist ALLES und IMMER ist IMMER, ob es einem gefällt oder nicht. Würde man einen Satz kreieren, der lautet: „Ich möchte immer das Sinnvolle im Auge behalten", wäre es für mich verständlicher. Der Mensch bekämpft allerdings extrem viele Dinge und möchte sie nicht haben, verschließt vor so vielen Dingen die Augen oder kehrt sie unter den Teppich und dennoch wünscht er sich ALLES (!?) im Auge zu behalten? Man muss sagen, wir als Menschen sind wirklich seltsame Geschöpfe! Alleine deswegen, weil uns Jahrzehnte lang manche Sinnlosigkeit und Widersprüchlichkeit unserer

eigenen Worte und Wünsche nicht „INS AUGE FÄLLT"
obwohl wir doch alles (!) im Auge behalten wollen. ;) Und
wen wundert's, dass sich da alles ums Auge dreht! Wie soll
uns etwas noch ins AUGE fallen, wenn wir bereits ALLES im
AUGE HABEN und es dort auch (BE)HALTEN? Und warum
soll das „arme" Auge nicht überangestrengt sein? Das Auge
gehört doch auch „nur" einem Menschen. Zuckt ein Mensch
nicht (aus), wenn er überfüllt und überfordert ist? Warum
soll dann das Auge, sein Auge, nicht zucken?

Alles klar?

Ja, irgendwie schon. Nur, es klingt wieder alles fast zu simpel,
um es einfach erfassen und nachspüren zu können. Alleine
diese meine Aussage klingt extrem unlogisch, weil: Warum
sollte man das, was (zu) einfach ist, nicht nachvollziehen
können??? Es scheint, dass mein System diese Einfachheit
als Erklärung, als Hilfe, als Heilung nicht akzeptieren kann,
obwohl ich selbst weiß, dass du sicher Recht hast und dass
es so ist. Nur, ich habe nicht das Gefühl, dass einfach alleine
durch diese Erklärung und Bewusstwerdung das Auge auf-
hört zu zucken. Eher umgekehrt. Irgendwo in mir erwachen
ein Widerstand und eine seltsame Aggression, und das Auge
zuckt erneut wie wild.

Lass einfach die Aggression sein. Was kann sie dir anhaben?
Oder willst du sie noch immer im Auge behalten? :) Kann

es nicht sein, dass die Aggression, die du spürst, das ist, was du eben in deinem Auge behalten hast? Kann es nicht sein, dass diese Aggression es auch so wollte? Dass es ihr gefällt, wenn man ein Auge auf sie hat? Dass es ihr Trick, ihre Taktik ist, um sich zu nähren, Aufmerksamkeit zu bekommen, sich überhaupt als lebendig und real zu erleben? Wie soll sie sichtbar sein, außer dass sie jemandem INS AUGE FÄLLT? So lange sie für jemanden sichtbar ist, so lange ist sie existent.

Jetzt kannst du dir vorstellen, was sich in deinem Inneren löst, dich verlässt und noch an deinem Auge kratzt, bevor du es AUS DEM AUGE und dadurch AUS DEM SINN entlassen kannst. Ist es nicht eine wunderbare Parallele? AUS DEN AUGEN – AUS DEM SINN?

Kann es sein, dass erst das Auge und die menschliche Sicht etwas einen Sinn verleihen, was vorher möglicherweise keinen Sinn hatte?

Das Lebendige, das Schöpferische hat von sich selbst aus einen SINN, seinen eigenen Sinn. Es existiert, ist in der eigenen Sinnhaftigkeit immer und jetzt. Es existiert im Sinn unabhängig von der verzerrten Wahrnehmung, unabhängig davon, ob es das Auge erkennt oder nicht. Man braucht dem keinen Sinn zu verleihen. ES IST SINNVOLL. Diese ewige, immerwährende Sinnhaftigkeit erkennt man nicht mit den (bloßen) Augen. Die Sinnhaftigkeit spürt und lebt man. Man schwingt mit, wenn man sich für die Sinnhaftigkeit entscheidet, wenn man sich auf sie einlässt. Das heißt ALLEM, dem man erst durch den eigenen Blick oder eigenen Gedanken den Sinn verliehen hat, kann man sich ruhig entsinnen! Man kann es loslassen, weil es außerhalb der eigenen Wahrnehmung nicht existiert. Es ist von sich aus nicht sinnvoll, also muss man es auch nicht IM AUGE BEHALTEN. **So hören plötzlich in der Welt sinnlose Dinge auf zu existieren, sobald man aufhört, nach ihrem Sinn zu suchen, ihnen, aus welchem Grund auch immer, einen zu verleihen. Es bleibt nur all das, das ohnehin von selbst einen Sinn hat.**

AUF DIE ABSICHT KOMMT ES AN

Heute nur ganz kurz: Mittlerweile habe ich wirklich keine Ahnung was eigentlich mein Job und meine sogenannte Berufung noch ist. Ich habe das Gefühl als wäre ich fertig mit dieser Welt. Ist das möglich?

Meine Liebe, dein Job ist bei Weitem noch nicht getan! Dein Job beginnt erst so langsam in Fahrt zu kommen. Deine Instrumente, Fähigkeiten beginnen sich erst aufzuwärmen. Sie schütteln den Rost ab. Du machst gerade eben ein paar Dehnübungen, um dich überhaupt in deine Position, in deine Kraft zu begeben. Übertreibe es nicht mit der Langsamkeit der Dehnung/der Ausdehnung – verstehst du?

Die Ausdehnung der Kraft über beide deiner Pole, deine Ebenen als Mensch und Seele. Die Dehnübungen sind abgeschlossen, die Motoren laufen warm, die ersten Informationen im Zusammenhang von möglicher Wirksamkeit hast du nicht nur unbewusst, sondern auch bewusst erhalten. Also ist alles im grünen Bereich. Dein möglicher Dehnungsgrad übersteigt derzeit die Möglichkeiten des menschlichen Potentials, sowie auch deines und dem auf der Erde, deswegen kann man nur vorsichtig/gemächlich voranschreiten. Deine Menschlichkeit ist ungeduldig und mit sich selbst nicht zufrieden. Alles scheint zu schwierig, zu schwerfällig und mühsam zu funktionieren. Aber das ist nicht der Fall. Die Kreise, die es mit/an sich zieht, sind enorm, wenn nicht gewaltig und deine Menschlichkeit kann eben nur einen Schritt der „Menschheit" voraus sein, sonst wäre es für dich selbst, bzw. du wärst für dich selbst nicht auszuhalten und sehr allein. Die Phasen, bis sich alles nach einer „Bewusstseins-Injektion" beruhigt, wieder ins Gleichgewicht findet, werden immer kürzer, und doch scheint dir die Zeit davonzulaufen.

Warum?

Weil sie dir in der Wirklichkeit echt davonläuft. Besser gesagt: Du entfernst dich von der Zeit oder dem zeitlichen Empfinden. Wie wäre es, wenn die Zeit überhaupt nicht mehr existieren würde, und du könntest problemlos nur tun, wie du tust, ohne Panik, dass du etwas versäumst oder zu spät kommst? Ist es nicht Grund genug, sich von der Zeit zu entfernen? **Um ohne Panik und ohne Stress zu existieren und einfach nur zu tun, in dem Bewusstsein, dass du immer perfekt, immer zum optimalen Zeitpunkt, am optimalen Ort, in optimaler Geschwindigkeit und Beschaffenheit bist?**

Jetzt genug von diesem logischen „Gequatsche". Was dich quält, ist unsere Beziehung und dass du erfahren hast, dass jemand woanders auf der Erde verdächtig ähnliche Sachen schreibt. Wie soll ich es erklären, ohne deinen Verstand überzustrapazieren. Ich bin nicht immer ich, wie blöd es auch klingen mag im Zusammenhang mit meinem berühmten Satz: Ich bin Ich. Der Verstand fragt sofort: Wenn ich nicht immer ich bin, was oder wer bin ich dann? Und ich sage: Ich bin ein höheres Bewusstsein, dass sich soweit ausdehnt, dass es von verschiedenen Stellen dieser Erde gleichzeitig empfangen werden kann. Man kann es auch so sehen: Ich stelle mein Wissen, meine Erfahrungen der Allgemeinheit zur Verfügung; ähnlich wie du es auch tust, ohne es dir jedes Mal bewusst zu sein. Der Unterschied ist möglicherweise nur der, dass ich die Möglichkeit habe, mein Bewusstsein oder das sogenannte höhere Bewusstsein strategisch optimal zu platzieren bzw. auf seine Platzierung dort hinzuweisen, wo ich weiß, dass es optimal verstanden und übersetzt werden kann. Meine Arbeit ist auf diese Weise effektiver. Ich laufe nicht durch die Gegend und frage nicht, wer von meinem Kuchen ein wenig kosten möchte. Ich weiß, wo ich hingehen muss, wo auf diesen Kuchen längst gewartet wird, weil der Appetit schon angeregt worden ist. Nun, das ist dir auch nichts Neues. Was dich erstaunt, ist, dass jemand ähnlich vom Kuchen abbeißt und verdaut wie du und das ist eine Täuschung, das kann ich dir sagen. Eure Absichten sind verschieden. Dir geht es nicht mehr darum, die Erde zu retten. Dir geht es nicht mehr um den Aufstieg. Du möchtest deinen Job tun. Du möchtest du sein und aus dir heraus tun. Du bist diejenige, die die ersten Schritte macht. Du zeigst den Menschen: Schaut, hier ist ein Kuchen, beißt ab ... Du zeigst es vor: Seht, der ist nicht giftig, schmeckt sogar hervorragend, und danach ziehst du weiter. Die Arbeit, das Potential, die Möglichkeiten aufzuzeigen, die Augen dafür zu öffnen und anschließend die anderen damit spielen zu lassen, während du beobachtest, wie sie dabei aufblühen. Ist es nicht ein schönes Gefühl?

Bleib dabei, bleib bei dir und wenn du ein Gefühl hast, dass etwas nicht stimmt, dann ist es möglicherweise auch so. Aber was hat das dann mit dir zu tun? Du fühlst, dass irgendwo etwas nicht stimmt, also belasse es dabei und mache weiter dein Ding. Einfach nur tun, was du tust. Weiter so!

Was die Mühsamkeit des Tuns betrifft, lasse dich davon nicht täuschen. Du ahnst bereits, dass es nicht deine eigene Mühsal und Müdigkeit ist. Trotzdem steckst du mittendrin. Warum solltest du es eben nicht fühlen. Und wie solltest du, ohne es zu fühlen, einfühlsam vorgehen? Es ist ein Maßstab, wie viel in dem Moment möglich ist. Überschreite nicht **den von dir empfundenen Maßstab. Übertreibe es nicht mit den äußeren Möglichkeiten.** So geradlinig ist es. Ich würde eher noch sagen, du musst nicht noch einfühlsamer werden, sondern nur früher auf die Müdigkeit reagieren. Der Grat ist sehr schmal zwischen dem „die träge Masse in Bewegung bringen" und „ihr nicht einen Schreck zu verpassen", damit sie nicht gleich wieder abblockt. Selbstverständlich wurden sie vorbereitet und deswegen ist alles und läuft alles, wie es läuft. Alles paletti!

Schöne Woche und viel Spaß wünsche ich. Kopf hoch!

Danke vielmals …

DIE INNERE INSTANZ

Es scheint, dass alles läuft und doch steht alles. Was soll denn auch laufen? Ich schaue vor meine Nase hin und sehe, spüre, rieche: nichts. Möglicherweise sollte ich meine Nase in eine andere Richtung wenden. Aber in welche?

Wohin?

Warum überhaupt in eine Richtung?

Bedeutet „eine Richtung" nicht, dass ich die anderen Richtungen ausschließe? Oder ist die eine Richtung alle Richtungen gleichzeitig oder auch keine Richtung?

Meine Liebe, deine Worte und deine Überzeugung folgen einem Plan. Der Plan ist in deinem Inneren seit Jahrtausenden geschrieben – in der Zeitrechnung dieser Galaxie gesehen. Dieser Plan suggeriert, dass du sein „musst" wie du bist, egal was um dich herum passiert. Du „musst" deine Identität, deine Wahrheit bewahren und in deinem Inneren verteidigen, so dass du sie immer bei dir hast. Egal, ob gerade Bomben fallen, egal, ob ein gelieb-ter Mensch gerade eine andere Überzeugung hat oder ein Chef mit Hilfe von Drohungen Druck auf dich ausübt, egal, ob du dich fürchtest oder dich alleine und verlassen fühlst. Die Frage ist jedoch, wie weit dieser Plan noch aktuell ist?!

Das ist im Moment deine Prüfung!

Wenn sich doch alles verändert, alles neu sein soll ... möglicherweise stimmt dieses Beharren auf einer bestimmten Wahrheit auch nicht mehr.

Ähneln **die Verteidigung und das Bewahren deiner Wahrheit doch nicht einem Kampf?**

Der Konflikt, dein Konflikt, scheint zwischen der Logik und dem Empfinden zu herrschen. Die Logik ist logisch. Allerdings irgendwann, ab einem gewissen Punkt ist sie untauglich. Die Logik macht so lange einen guten Dienst bis der Mensch, das Wesen, sein Wahrnehmungssystem und dadurch auch sein Empfinden nicht optimal geklärt, gereinigt und gelernt hat, es zu nutzen und einzusetzen. Das bedeutet etwa gleich viel wie, sich in dem Empfinden selbst zu erkennen und das Selbst als diejenige Quelle, welche diese Empfindungen als eine Art Sprache und Kommunikation mit sich selbst und dem Universum erzeugt, erfühlen.

Du bist an einem Punkt angelangt, wo sich die Wege der Logik und der Gefühle scheiden, auf einem Punkt, wo sie nicht mehr eins zu sein scheinen. Was wiegt mehr?

Die Logik kommt häufig mit ihren logischen Erklärungen in eine Sackgasse an, und das bestimmte ungeklärte Gefühl dauert weiterhin an.

Wie du weißt, hast du oft Gefühle, die sich seit geraumer Zeit kaum verändern, welche immer ein und dasselbe sind, jenseits deines Denkens und der Logik. Deine Erinnerungen an diese Gefühle reichen sogar bis in dein Kindesalter, wo du mit der Logik sicherlich nichts am Hut hattest, zumindest nicht so wie jetzt.

Ja, es ist die Zeit der Wende. Allerdings warum das wenden, was bereits auf der eigenen (!) Seite ist? Nur weil Worte es sagen? Weil es Worte sind, die vielversprechend und logisch und vertraut und vertrauenswürdig klingen? **Die Selbstverantwortung soll** trotzdem immer **da sein, und die Selbstprüfung durch die eigene Gefühlsebene soll immer durchgeführt werden!** Wenn man sich zu sehr in einer Ebene verstrickt, zu lange den Worten der anderen gelauscht hat, die verstandesmäßig verarbeitet werden, kann es passieren, dass man für einen kurzen Atemzug das Gefühl (!) bekommt, keinen Zugang mehr zu eigenen Gefühlen zu haben. Ist es nicht auch ein wunderbares Gefühl? Eine Sicherung? Soll es nicht unmittelbar heißen: Hey! Ich habe kein Gefühl, also muss ich sofort stehenbleiben und aufhören, den fremden Worten zuzuhören und zuerst einmal wieder zu mir und zu meinem zurückkehren?

Warum tut man es oft nicht? Vielleicht deswegen, weil man dann möglicherweise zu den klugen Schriften oder Köpfen nicht mehr zurückkehren würde, auf die man gewohnt ist zu hören, weil das wiedergefundene Gefühl vielleicht frech sein und all dem „Wissenden" widersprechen würde, was sich doch so wunderbar und wahr anfühlen soll?

Warum dieser Konflikt?

Weil sich der Mensch seine Andersartigkeit nicht erlaubt!

Weil der Mensch eine eckige Schubladendenkweise hat, die besagt, dass das, was für einen Mensch gut ist, für den anderen auch gut sein muss!

Was dem einen zur Erleuchtung geholfen hat, muss der menschlichen Logik nach, dem anderen auch zur Erleuchtung helfen. Könnte sich nur der Mensch erlauben, in einer Intention zu denken, welche die Alternative zulässt, dass die Worte, die Wahrheit von einem sind und genau das Richtige für denjenigen und möglicherweise für noch ein paar andere, aber dass er persönlich, für sein Weiterkommen, für sein Erkennen und seine Klarheit (in dem Moment) etwas gänzlich anderes braucht. Was, wenn er weiter oder eben noch annähernd nicht soweit ist als die Wahrheit, die Idee des Anderen???

Ich weiß, das ist auch noch keine befriedigende Antwort,

weil es nicht die wahre Frage beantwortet, denn deine Frage müsste tatsächlich folgend lauten: „Warum bin ich dermaßen eine Extrawurst, dass auf mich kaum etwas „Erprobtes" anzuwenden ist und dass ich kaum mit etwas Menschlichem länger konform sein kann? Was bin ich nur für ein Wesen, was macht mich aus und warum bin ich hier? Warum bin ich da, wenn ich hier mit nichts kompatibel zu sein scheine?"

Was verändert es in deinem Leben, wenn du den Widerstand gegenüber „Extrawurstigkeit" loslässt und zumindest die Möglichkeit annimmst, dass du tatsächlich eine „Extrawurst" bist und nicht nur das, sondern eine „Extra-Extrawurst"?[3]

....

....

....

....

....

---

3 *Das Neue in diesem Band: Platz für Ihre persönliche Notizen. Gehen Sie den gestellten Fragen aus Ihrer eigenen Warte nach, fühlen Sie tief in sich hinein und schreiben Sie intuitiv die Antwort auf, die auf die Oberfläche drängt, ohne diese zu werten. Es können auch nur Stichwörter sein, Beschreibung von aufkommenden Gefühlen, Bildern usw. Lassen Sie sich von Ihrer Seele, Ihrer inneren Stimme, Ihrem inneren Coach leiten.*

Einerseits scheint es eine Erleichterung in dir hervorzurufen, weil es für viele Dinge und Geschichten in deinem Leben eine Erklärung wäre, anderseits kann sich etwas in dir so etwas nicht vorstellen, weil du ja sooooo normal bist und scheinbar nichts Besonderes.

So kommen wir nicht weiter.

Du könntest dich in die „Tatsache" hineinfühlen, **was wäre, wenn du wirklich mit nichts auf der derzeitigen Erde kompatibel wärst?**

....

....

....

....

....

....

....

....

Wäre es nicht wunderbar? Könntest du dich dort nicht ohne Angst vor irgendetwas frei bewegen, wie ein Tourist in einem fremden Land, zu dem er keinen Bezug hat, wo er keine Pflichten, keine Resonanzen hat? Könnte er sich dort nicht wunderbar erholen und seine Seele inspirieren, baumeln lassen?

Ist es eine Überraschung für dich? Eine derartige Sicht?

Ein Aha-Gefühl, eine Erinnerung, ein Verständnis ist sofort da!

Ja, etwas schlägt sich sofort den „dummen" Schädel an die Wand und wundert sich: Warum diese ganze Sorgerei, wenn es letztendlich dermaßen einfach ist! Aber etwas stimmt trotz alldem nicht, oder? Würde es so sein, wenn es keine Resonanzen geben würde, warum dann die ganze Plagerei? Warum der Schmerz und die Trauer? Warum die Hilflosigkeit, die Orientierungslosigkeit? Warum das Verzweifeln?

Okay. Machen wir einen Schritt nach dem anderen. Wirklich ganz langsam und behutsam, damit das ganze „Gebilde" nicht auf einmal einstürzt. Wir tragen die einzelnen Ziegel vorsichtig ab.

Nehme es wieder als die Möglichkeit an – egal was dein menschlicher Verstand dazu sagt –, dass du keine

Resonanzen hier auf der Erde hast. Was bedeutet das? Was verändert sich dadurch in dir?

....

....

....

....

....

....

....

....

....

....

....

....

Ja genau! Es würde heißen, du kannst hereinspazieren wo du möchtest und dir anschauen was du möchtest und es trifft dich nicht, es hat nichts mit dir zu tun. Es ist jedoch auf Dauer langweilig, weil sich die Dinge zu wiederholen beginnen und du nicht eingreifen, nicht wirklich mitmachen kannst, weil du unsichtbar bist und eben keine Resonanzen hast.[4] Wie fühlt sich das an?

Richtig. Irgendwann irgendwie aufgeschmissen und einsam. Wenn in dir eine gute Idee auftaucht, was man so tun, wo man welchen Knopf (auf der Erde zur Verbesserung) drücken könnte, merkst du, dass du es aber nicht kannst. Irgendwann fragst du dich schließlich, wozu du überhaupt da bist. Etwas in dir hat somit vergessen, dass du dir das nur anschauen wolltest. Irgendetwas ist von dem Geschehen in der Welt fasziniert und will auf einmal mitmachen ... und siehst du ... bereits während ich diese Worte spreche, bekommst du ein Gefühl ... ja, ganz wohl ist dir bei meinem letzten Satz nicht! Es fühlt sich für dich nicht richtig an, es hört sich nicht nach dir an ... dass du vergessen haben solltest und deswegen unbedingt mitmachen wolltest, weil du dich gelangweilt hast. Siehst du, schon weißt du mehr über dich! Du fühlst in dir eine Instanz, der du vollkommen vertraust, über die du Bescheid weißt, dass sie über dich Bescheid weiß und dass sie

---

4   Im *BewusstseinsCoaching 4 – Die Grenzgänge* wurde *Ähnliches und mit einem bildhaften Beispiel im Kapitel „(ER)Warten oder Warum bin ich unbelehrbar"* beschrieben.

dich sofort warnt, wenn du über deine Absicht hinausgehst und handelst bzw. dich mit einer fremden identifizierst. Also sind wir jetzt einen Schritt weiter.

Deine Möglichkeit ist:

Du hast keine Resonanzen und du hast eine Instanz in dir, die sich nicht verwirren, nicht ablenken, nicht verführen lässt. Das weißt du. Somit kann deine Anwesenheit auf der Erde nicht ein Zufall oder gar ein „Unfall" sein, weil deine Instanz trotzdem, dass sie keine Resonanzen hat, über die Gegebenheiten auf der Erde genau Bescheid weiß.

Da schaltet wieder der Verstand auf stur – selbstverständlich – was sonst. Wie sollte man über etwas Bescheid wissen, ohne dazu Resonanzen zu haben?

Nun, wir suchen hier nicht Antworten für den menschlichen Verstand, oder? Wir suchen Antworten für dich. Wir suchen dein Gefühl!

Nehmen wir kurzerhand an, dass die Möglichkeit besteht, Bescheid zu wissen und keine Resonanzen zu haben. Was würde es dann für dich bedeuten?[5]

---

5 Man kann z.B. darüber Bescheid wissen, wie es im Kindergarten ist, weil man selbst einst im Kindergarten war, aber mittlerweile, da man kein Kind mehr ist, betrachtet man das Kindergartengeschehen aus einem Abstand.

Du bist auf der Erde, hast keine Resonanzen aber weißt über die Gegebenheiten Bescheid und hast eine starke Instanz in dir, auf die du voll vertraust, und diese sagt dir, dass du auf der Erde in das tiefst mögliche Loch absteigen kannst und deine Instanz dich trotzdem erreichen wird. Wenn du dieses jetzt als eine Möglichkeit annimmst, was bedeutet das für dich, was verändert es in dir?

....

....

....

....

....

....

....

....

....

....

Auf einer Seite spürst du die Macht, die aus solch einer Kombination entstehen kann und davor hast du Angst, was ein Paradoxon ist.

Der erste Impuls war doch, dass du eigentlich keine Angst, vor keinem einzigen Loch, auf der Erde zu haben brauchst, weil du damit nichts zu tun hast, weil du es dir nur ansiehst und weil du deine Instanz, die dich erinnert, immer bei dir hast.

Demnach brauchst du vor der Erde und den Menschen keine Angst zu haben bzw. hast eigentlich gar keine Angst.

Aber!

Nun hast du nach meinen letzten Worten eine Art „Dunkelheit" gespürt, dieses Machtpotential, das dich fast umgehauen hat?

Ist in dir nicht Angst hochgestiegen, alleine deswegen, weil du dir bewusst geworden bist, dass du Angst vor dir selbst hast?

Und die Logik, und jetzt bitte aufpassen: deine unbewusste menschliche Logik (!) übersetzte in dir: Hilfeeee! Ich habe vor der ganzen Erde keine Angst und die Erde ist soooo groß und manchmal so grausam, also wie groß und furchtbar muss ich selbst sein, wenn ich vor mir Angst habe! Und diese verkehrte logische Schlussfolgerung ist selbstverständlich Quatsch!

Wie ist es dann?

Eine Unklarheit nach der anderen. Wie gesagt, langsam, nur keine Eile.

Jetzt spürst du das Monstrum, was ich vorhin erwähnte, auf dich zustürzen. Jetzt weißt du, warum ich die gemäßigte, die „einen Ziegel nach dem anderen"-Variante vorgeschlagen habe.

So! Jetzt hast du dich ein wenig von dem Schock erholt. Also machen wir weiter:

Deine Angst ist eine irrwitzige Idee. Sie ist nicht logisch, sie gründet auf keinem Gefühl, sie erzeugt ein Gefühl, besser gesagt eine Emotion! Das ist bitteschön eine neue Erkenntnis: **Etwas, dass auf keiner Logik, auf keinem Gefühl basiert, kann trotzdem ein sogenanntes Gefühl, eine Emotion hervorrufen.**

Aber, meine Liebe, nur ein menschliches Gefühl!

Was sagt dir deine innere Instanz dazu? Du warst eben in

einem riesengroßen dunklen Loch und hast dich geängstigt.
Wie geht es dir jetzt?

....

....

....

....

....

....

....

....

....

....

....

....

Meine Instanz ist ruhig und schaut zu, obwohl ich noch dieses unangenehme Gefühl in mir habe.

Was bedeutet das? Hat dich deine Instanz eben im Stich gelassen? Kannst du dich auf sie nicht mehr verlassen?

Siehst du, nur diese anzweifelnden Worte von mir reichen. Schon sitzt du wieder in der Dunkelheit. Was ist jetzt mit deiner Instanz?

Sie ist ruhig und schaut geduldig zu, möglicherweise wundert sie sich ... nein, ich wundere mich, wenn ich mich auf die Instanz besinne, was alles mich in die gefühlte Dunkelheit stürzt ... und wie einfach und plötzlich das geht.

Du hast die Frage, ob dich die Instanz verraten hat, nicht beantwortet!

Oh nein! Sie ist da. Schaut, wacht und wartet geduldig. Es gibt keinen Grund zur Sorge. Ich weiß, es droht keine Gefahr, auch wenn es sich unangenehm anfühlt.

Ist das nicht wunderbar?

Ist das nicht eine Reise wert? Was für eine Achterbahn! Was für ein Spaß? Einmal oben, dann unten zu sein und dabei zu wissen, dass man angeschnallt ist und nichts passieren kann?

Ah ja! Das ist nicht so dein Ding? Um das kann es dir nicht gehen? Dieses „Yuhhuuuu" fühlt sich nicht nach dir an?

Weißt du jetzt wieder mehr über dich? Ist das wieder ein vergessenes Gefühl unter einem der eben abgetragenen Ziegel gewesen? Siehst du, man braucht dir nur ein **Gegenbild**[6] zu bieten, damit du dich dir selbst annäherst.

Gehen wir weiter.

Wie gesagt und gefühlt: Dieses „Yuhuuuu!" ist anscheinend nicht dein Ding. Also bist du nicht auf der Erde, um die Erde aus der Sicht eines Rummelplatzbesuchers zu betrachten und auszukosten. Das wäre, wie du spürst, nach ein paar Runden für dich langweilig und nicht wirklich unterhaltsam …

Noch einmal eine kurze Wiederholung: Keine Resonanzen, eine durchschauende und wachende, informierte Instanz,

6 Im *BewusstseinsCoaching 3* wurde schon gesprochen über das *Kontrastmittel* als ein Bewusstseinsinstrument, bzw. als ein Werkzeug der Bewusstseinsarbeit und so ähnlich verhält es sich auch mit dem *Gegenbild. Hier ein Auszug aus BC 3, Kapitel „Glaube als ein Kontrastmittel":*
„Also brauchst du wahrscheinlich einen Vergleich und umso kontrastreicher dieser ist, so wie beim Schattentheater, umso sichtbarer wird für dich das, was du dich zu sehen bemühst. Das heißt, dort wo Dunkel ist, muss man durch Licht oder mit dem Licht schauen, dort wo es Schwarz ist, ist das Weiße das Kontrastmittel, dort wo Licht ist, muss die Dunkelheit her usw. Mit anderen Worten gesagt: Der Kontrast, das Kontrastmittel soll dazu dienen, dass du erkennen kannst."

keine Billigattraktionsuchende. Nimm es wieder als die
Möglichkeit an, dass es so ist. Was verändert sich dadurch
für dich? Was bedeutet das für dich?

....

....

....

....

....

....

....

....

Ach ja?! Wieder eine Erleichterung?

Wie ist es denn möglich?

Du spürst, in dir ist etwas beleidigt, wenn man die Erde als
einen Rummelplatz bezeichnet? Irgendwas fühlt sich ver-
pflichtet, die Erde sofort zu verteidigen? Irgendetwas in dir

fühlt mit der Erde, samt den Menschen darauf? Wie geht das? Was bedeutet das? Haben wir einen weiteren Fakt aufgezeigt?

Keine Resonanzen, diese kluge, informierte, wachende Instanz und ein Mitfühlen mit der Erde als solches ...

Der Verstand fragt wieder sofort: Keine Resonanzen, aber ein Mitgefühl? Wie geht das?

Wie erwähnt, wir sprechen hier nicht mit dem, nicht mit deinem Verstand!

Wir nehmen es einfach wieder als eine Möglichkeit an:

Keine Resonanzen, wachende Instanz und ein Mitgefühl für die Erde und was sehe ich da?

... habe ich bei dir gerade ein Verständnis, sogar Verstehen der Erde bei dir erhascht?

Ja?

Fühlt es sich nach dir an?

Warst du es?

Du, die die Erde plötzlich umarmt hat, fast wie ein kleines

Baby, und fühlen konnte ... was ... was konntest du denn wahrhaftig fühlen?

....

....

....

....

....

....

....

....

Sehe ich Tränen in deinen Augen?

Ist das ein Wiedererkennen?

Ergibt plötzlich alles einen Sinn?

Ist es dir noch zu hoch? Nein, dir nicht! Dem Verstand, dem Menschen vielleicht. Bleib beim Gefühl, lasse das

Verstandesgebilde nicht auf dich abstürzen. Wir legen dieses Zieglein wieder vorsichtig auf die Seite, wischen den Staub ab und schauen uns gleich, wenn du dich wieder zentriert hast, die nächste Schicht an.

Keine Resonanzen, eine wachende Instanz, ein Mitfühlen für die Erde als ein Planet, der gerade in der Windelphase zu sein scheint und etwas, was man fast als Muttergefühle bezeichnen kann.

Keine Resonanzen, aber Muttergefühle?

Die möglichen Fakten sind:

Keine Resonanzen, eine wachende Instanz und mitfühlende, fast mütterliche Gefühle mit und aus dem resultierenden Verstehen für den Planeten.

Dein Verstand sondiert sofort und versucht, eine Schlussfolgerung zu ziehen. Versucht, zu erahnen, was das jetzt alles in der Summe bedeuten kann. Wie heißt dann wohl solch eine Rolle, solch eine Position? Was heißt es dann? Was hast du dann aus der Rolle als Nächstes zu tun?

Nein!

Wir unterhalten uns wirklich nicht mit deinem Verstand!

Siehst du, warum das so schwer ist? Vor kurzem noch ein riesengroßer grausamer Planet mit lauten dunklen Löchern und jetzt ein kuscheliges kleines Babyplanetchen, in Windeln gewickelt? Zuerst Angst und jetzt Beschützerinstinkt? Wie geht das? Welche Gehirnverbindungen spielen dir einen Streich?

Das ist ja das Problem, dass **das Gehirn ununterbrochen alles einordnet bzw. einordnen will, gleichwohl kann es sich nur bekannter Schemata, Informationen und Bilder bedienen.**

Und wenn es für das, was wir dir zu vermitteln versuchen, noch nichts Bekanntes in deinem Kopf gibt?

Was soll das arme Gehirn tun?

Das tut selbstverständlich auch nur seinen Job! Diese Gefühle, mit denen wir jetzt arbeiten, ziehen wir von woanders hierher. Diese sind diejenigen, die uns Auskunft, eine Einsicht geben werden, und dann können wir dem Gehirn sagen, was es damit tun soll oder es lernt und wächst gleich mit.

Also noch einmal, auch wenn es langweilig ist, deine Fakten:

Keine Resonanzen, aber doch ein Mitgefühl und das

Verständnis. Wie geht das? Nehmen wir es eben wieder als gegeben an und schauen wir, was es mit dir macht oder was es für dich bedeutet:

....

....

....

....

....

....

....

....

....

....

....

....

Ich habe das Gefühl, dass es sich um zwei verschiedene Ebenen handelt. Somit wäre es möglich und sogar auch logisch, keine Resonanzen und doch ein Mitgefühl und Verständnis zu haben, weil es um zwei verschiedene Dinge geht.

Richtig! Und warum richtig? Weil diese Antwort aus deinem Gefühl kommt.

Wir haben einen weiteren Fakt:

Ebene 1 – keine Resonanz, Ebene 2 – Mitgefühl und Verständnis

Was sagt uns das?

....

....

....

....

....

....

Auf der Ebene 1 habe ich nichts zu tun bzw. es hat nichts mit mir zu tun. Auf der Ebene 2 – dort bin ich zu Hause, dort bin ich der Profi?

Ist das hier ein Ratequiz, oder was? WIR SIND NICHT IM VERSTAND! WIR SIND IM GEFÜHL!

Ja, aber es ist so anstrengend. Ich kann die Konzentration kaum länger halten.

Dann machen wir jetzt eine kurze Pause und du esse eine Kleinigkeit in der Zwischenzeit.

Gut, komme gleich …

…

So, jetzt habe ich gegessen und bin noch ziemlich verwirrt, dennoch versuche ich zusammenzufassen, was ich während dieses Gespräches für mich herausgefühlt, herausgehört habe:

Ich habe etwas, die Erde oder so, für mich als ein zartes, junges Ding wahrgenommen, zu dem ich Liebe spüre und Verständnis für die kleinen, tollpatschigen Schritte habe, die es gerade übt. Es ist ein wunderbares, leuchtendes Ding, das Potential hat, zu einem großartigen, strahlenden Ding heranzuwachsen und ich scheine irgendwo das Verständnis für den Weg dorthin zu haben. Ich habe eine große Achtung davor, was dieses Ding ist und dafür, in was es sich übt ...

Weiter ... Ich habe eine mächtige innere Instanz, die mein vollstes Vertrauen genießt, was mir ermöglicht, mich auf der einen Ebene zu bewegen, ohne mich darin wirklich zu verlieren. Eine Ebene, die ich nicht wirklich verstehe und die mir, wenn ich zu Besuch dort bin, immer wieder sehr dunkel, voller großer Löcher und gleichzeitig irgendwie faszinierend vorkommt; bzw. es fasziniert mich eher die Tatsache, dass es Menschen gibt, die diese Ebene, die eigentlich gar nicht existiert, faszinierend finden, weil das, um was es geht, sich ganz woanders abspielt und sie sehen es nicht, haben davon keine Ahnung. Es kommt mir so vor, als ob du vor einem Menschen eine Sahnetorte auf einem Pappteller stellen würdest und er würde sich auf den Pappteller stürzen, während er die Torte unbeachtet stehen lässt und den Rest seines Lebens mit dem Pappteller spielt, ohne je die Erfahrung zu machen, wie eine Sahnetorte schmeckt.

Dieses scheint mich irgendwie traurig zu stimmen, wodurch ich sofort wieder im Konflikt bin. Weil, wenn ich nicht Resonanzen zu der Ebene habe, kann es mir doch egal sein. Auf jeden Fall hat es mit den Menschen zu tun. Irgendetwas in mir hat das Gefühl, sie haben die Station verfehlt. Sie wollten etwas Wunderbares sehen und sind halt eine Station zu früh oder zu spät ausgestiegen und sind dadurch in einem Depot gelandet, was sie jetzt für das Wunderbare halten, weil ihnen jemand sagte, dass sie der Zug ins Wunderland bringen wird.

Die Frage stellt sich: Was suche ich eigentlich auf der einen Ebene, wenn ich der Spezialist für die andere bin? Ist es überhaupt mein Ding, mit den Verfahrenen zu sprechen und ihnen hin zur nächsten Station, raus aus dem Depot, zu helfen?

Da sind wir wieder im alten Film. Auf diese Weise kommen wir nicht weiter. Wir können uns fragen: Was machst du eigentlich auf der Ebene, wenn es dort nicht deins ist?

Warum glaubst du, dass du auf der Ebene bist? Nur, weil du siehst, dass die anderen dort sind?

Warum bist du hier; dort, wo du jetzt bist?

. . . .

. . . .

. . . .

. . . .

. . . .

Du hast keine Resonanz zu der einen Welt, gleichzeitig hast du ein Verständnis und Mitgefühl für die andere Welt. Jedoch hast du eine Instanz, die es dir ermöglicht, dich gefahrlos auf der einen Ebene zu bewegen?

Würdest du dich dort nicht bewegen sollen, würdest du diese Instanz nicht brauchen! Dort, wo du Mitgefühl und Verständnis hast, wo du dich als Begleiter, fast wie eine Mutter fühlst, dort brauchst du keine Instanz. Dort bist du zu Hause.

Der neue Fakt ist: Aus irgendeinem Grund hast du dich dort zu bewegen, wo du keine Resonanz hast, auch wenn dort für dich nichts Interessantes zu sein scheint. Was macht es mit dir, wenn wir es als eine Möglichkeit annehmen?

....

....

....

....

....

....

Trauer. Sehr traurig. Weil ich das Gefühl habe, dass ich für die Zeit, wo ich mich dort bewege, „mein Baby", dieses Wunderbare, verlasse und eventuell etwas verpasse ... Es tut irgendwo richtig weh ...

Und du gehst trotzdem weg ...

Scheint so ... aber verstehen tue ich es nicht ...

Spüre in dich hinein. Warum würdest du, von diesem zarten Ding, das dein Mitgefühl hat und bei dem du mit deinem ganzen Wesen dabei sein möchtest, weggehen?

Ich weiß nicht, es muss etwas geben ...

...

Du versuchst wieder aus dem Verstand heraus sofort nachzu-vollziehen, was es denn geben könnte! ... Lass es sein. Wenn noch nichts da ist, dann müssen wir den nächsten Ziegel abtragen:

Keine Resonanzen, ein Baby, ein Mitgefühl und Verständnis, und es gibt etwas, dass dich trotz Muttergefühlen dazu ver-anlasst, das Baby zu verlassen und in die andere Ebene zu gehen, wo jedoch keine Gefahr droht, weil eben diese Instanz über dich wacht. Wir nehmen es wieder als eine Möglichkeit, als einen Fakt an. Wenn es so wäre, wie fühlt sich das für dich an, was macht das mit dir?

....

....

....

....

....

....

....

....

....

....

....

....

Ich habe eben nur dieses komische Gefühl, dass ich immer wieder nachsehen gehe, ob etwas schon so weit ist ... ein sehr seltsames Gefühl. Aber das kann nicht sein! Fühlt sich nicht nach mir an. Was soll ich auf einer Ebene schauen, auf der es keinen Sinn hat, nachzuschauen? Was soll dort soweit sein, wenn dort nichts ist?

Verwirrung, lieber Coach, nur Verwirrung. Ab diesem Punkt verstehe ich mich selbst nicht.

Was sagt deine Instanz?

Irgendwie wartet sie, ob ich den Punkt knacke, als wäre ich ganz nahe dran ...

MISSVERSTÄNDNISSE DER SELBSTREFLEKTION

Jeden Tag geschehen Unmengen an Episoden, was den Tag zwar abwechslungsreich macht, nichtsdestotrotz macht es ihn aber auch lebendig? Ich weiß nicht ... Eine Zeit, in der ich scheinbar alleine auf einer Wiese im Nichtstun verharre, erscheint mir oft lebendiger und bunter, als so mancher, mit lauten Ereignissen gefüllter Tag. Möglicherweise war das Sonderbare an dieser Woche, dass ich, statt des Lebens nur den Tod gefühlt habe. Keine Bewegung, kein Austausch. Es war ein Gemisch von etwas Zähem, das mir die Worte und Gedanken raubte bzw. seltsame Worte und Gedanken, die als ein Echo aus allen Ecken immer wieder zurückhallten, einspeiste. Hast du eine Ahnung, was ich meine?

Meine Liebe, deine Worte sind Balsam für meine Seele; wie seltsam es auch klingen mag. Es gibt Menschen, denen wir seit Jahrhunderten den Unterschied zwischen lebendig und unlebendig sein näher zu bringen versuchen, dennoch ist das Ergebnis immer wieder fatal.

Die meisten Menschen sind dermaßen abgestumpft, dass sie gar nicht merken, dass sie nicht leben. Sie stecken zwar mitten im Leben, atmen es aber nicht ein. Noch besser gesagt: **Sie atmen nicht zusammen mit dem Leben.** Sie vegetieren auf einer Frequenz, die ihnen das Gefühl gibt, dass sie wichtig sind, dass sie eine Berechtigung zum Leben haben, dass es sinnvoll ist, gewisse Opfer zu bringen, um sich dann dafür einen Happen von Leben, Lebendigkeit zu verdienen. Als wäre ein Gesetz unter den Menschen beschlossen worden, das besagt: „Damit du die Lebendigkeit erfahren darfst, musst du zuerst ewig tot sein." Und alle üben fleißig den Tod bzw. sich tot zu stellen, um eines Morgens endlich den ersten Preis – ein paar Urlaubstage im Leben – zu gewinnen.

Es mag sein, dass der Mensch mit Hilfe von Vergleichen funktioniert …

Es mag sein, dass er, wenn er die Unlebendigkeit, die Unbeweglichkeit, den Trott, die Trostlosigkeit, die Trägheit und Mattheit erlebt, die Lebendigkeit besser begreifen kann … aber! Ich frage mich langsam, was für eine Logik sollte dahinter stehen?

Welcher Mensch war je fähig, aus der Ohnmacht, aus der Begrenzung heraus, aus dem Eingeödetsein und aus dem Nichtwollen die Lebendigkeit zu erfahren?

Ist es nicht so bei eurer Couchpotatoes-Generation, dass es immer schwieriger wird, vom Sofa aufzustehen, um immerhin eine neue Ration von Chips, Popcorn, M&Ms oder was auch immer zu holen? Wer soll den Arsch heben, um das Leben zu leben? Wer soll die Fernbedienung auf die Seite legen und die Augen von der Glotze Richtung Fenster verschieben, wenn (im Körper) niemand zu Hause ist?

Warum müssen Menschen immer zuerst alles ausreizen bis nichts mehr geht, bis sie bereit sind, eine weitere Seite im Buch des Lebens aufzuschlagen?

Und das fragst du mich? Ich dachte, du bist der Spezialist für die Menschen. Ich dachte, du erklärst es mir?

Na-ja, irgendwie schon, aber irgendwie auch nicht. Man kann ja nicht einen Menschen analysieren, der gar nicht da ist. Man kann nicht ein Gespräch mit jemandem führen, der sich irgendwo in Welten befindet, die gar nicht existieren. Wozu soll man mit dem Körper sprechen, den der Mensch selbst auf dem Sofa liegengelassen hat und ihn mit Chips füttert, damit er Ersatzreize bekommt, bis er selbst zurückkommt?

Sind wir nicht vom Thema abgewichen? Was hat es mit meinem Wohlbefinden bzw. Nichtwohlbefinden zu tun?

Schon ziemlich viel. Du machst dir des Öfteren die Mühe und versuchst, mit hohlen Gefäßen zu arbeiten, welche von Menschen selbst nur vorgeschoben worden sind, wo außer dieser zähen Masse nichts zu spüren ist. Der Mensch geht weg, raus, weil er sich selbst nicht aushalten, nicht anschauen kann. Und du bemühst dich, du mühst dich regelrecht ab, ihn zurückzuholen, ihm die Schönheiten des Lebens zu zeigen. Aber er ist ja gar nicht da!

Heißt das, ich versuche mit lauter Geistern zu arbeiten bzw. zu kommunizieren?

Na, das ist eine gute und lustige Frage. Menschen stellen sich nämlich die Geister außerhalb des Körpers vor; manchmal als Verstorbene, manchmal als Seelen; als etwas, was außerhalb des Sichtbaren existiert. Wie du richtig erkannt hast, sind viele davon, das, was auf der Erde „herumgeistert", „leere" körperliche Hüllen. Es sind Fahrzeuge, die wiederholt ohne Fahrer im Leerlauf unterwegs sind oder sogar abgestellt worden sind, damit sich der „Fahrer" dorthin verschieben kann, wo sich etwas interessanteres als das eigene Leben bewegt.

Du redest auf sie ein, redest und redest ... und wer soll dir antworten?

Du möchtest etwas fühlen, ein Feedback bekommen, etwas, was dir zeigt, ob deine Worte angekommen sind, eine Regung, ein Zeichen des Verstehens usw. Und ... oh ja, du spürst wohl ... aber nicht das, was du spüren möchtest. Du spürst die Leere. Ich meine, das war es, was du am meisten in deinem Herzen und im Kopf gespürt hast.

Du spürst, dass nichts da ist und du kannst es nicht glauben. Du gehst tiefer und tiefer, suchst ein Lebenszeichen und begegnest immer nur der Leere und verurteilst dich noch selbst dafür, dass du nichts spürst, bzw. die Leere, das Nichts wahrnimmst.

Ja, die Hüllen sind raffiniert konzipiert. Manche sind sogar fähig, ein gewisses Maß an Lebendigkeit und Interesse vorzutäuschen. Es sind modernisierte Modelle, welche eine Zeit lang sogar mitspielen, welche dir auf Knopfdruck „passende" Antworten geben können, in welcher Form auch immer. Aber die Seele, die ist in dem Moment ganz woanders.

Das verstehe ich nicht ganz …

Sollte die Seele nicht auf jeden Fall dabei sein?

Ist in dieser Welt nicht ein Spiel im Gange, in dem sich die Seele in verschiedenen Situationen und Rollen erfährt?

Ist es nicht etwas, was die Seele sich selbst ausgesucht hat um eine solche Erfahrung zu machen? Sie müsste doch irgendwo sein und das Spiel beobachten, oder?

Siehst du, genau aus diesem Denken heraus redest du auf solche Körper ein und suchst die Seele, ihre Seele dahinter und sie ist oft tatsächlich nicht dort, zumindest nicht der

Teil, mit dem du befruchtend kommunizieren könntest.

Da bin ich jetzt wirklich schockiert.

Bist du es wirklich?

Was sagt deine Instanz?

Die Instanz beobachtet – wie immer – und ich spüre eine gewisse Zufriedenheit, dass ich endlich hinschaue.

Ich fühle trotzdem einen Schrecken und Entsetzen in mir. Bin das etwa nicht ich?

Bist du es etwa?

Ich weiß nicht. Es fühlt sich an wie dieser Spion, der mir auf Schritt und Tritt immer folgt. Bin das etwa nicht ich?

Möchtest du es sein?

Was ist einfacher für dich? Zu sagen: „Nein, ich möchte es nicht sein!" oder sich auf Schritt und Tritt verfolgen, kontrollieren und beobachten, manipulieren zu lassen?

Du bist gut! Oh und du bist wirklich ein Experte! Du sagst also, ich kann mich entscheiden, ob ich das sein möchte, was

(ver)folgt, kontrolliert, beobachtet und manipuliert? Danke!
Hier ist die Entscheidung wirklich leicht. Selbstverständlich
bin ich es nicht!

Ich brauche nicht zu (ver)folgen, kontrollieren und beobachten.

Ich lebe.

Ich bin.

Es ist wie es ist.

Es kommt, es ist, und ich lebe.

Ich möchte die Zeit, die ich leben kann, nicht zum Verfolgen,
Kontrollieren etc. verwenden. Was für ein Quatsch!

Ich bin ich und das möchte ich sein – ich!

Dennoch habe ich Angst. Was, wenn ich auch so ein Zombie
bin?

Hast du diese Angst wirklich?

Na-ja, jetzt gerade nicht, aber vor kurzem, als du es ange-
sprochen hast – schon irgendwie, irgendwo oder nicht?
Ja ... der versteckte „Spion" in mir scheint Angst zu haben.

Da hast du auch deine Antwort, wo sich manche Fahrer von einigen „Fahrzeugen"[7] befinden. Es scheinen ihnen andere

---

7 *Fahrzeug als Metapher für unseren Körper. Im Buch **Der Mensch und seine Heilung – Das göttliche Puzzle** wird im Kapitel „Der Körper als ein Fahrzeug" der Körper als ein Fahrzeuginstrument u.a. Folgendes beschrieben:*

„Also, der Körper ist wie ein Fahrzeug … Wir sitzen darin, bestenfalls haben wir das Lenkrad, die Steuerung selbst in der Hand. Manche Experten scheinen jedoch auch in der „Wirklichkeit" im eigenem – echten – Fahrzeug lieber am Beifahrersitz zu sitzen und sich von jemandem anderen lenken, durch die Gegend fahren zu lassen, bevor sie selbst die Hand aufs Steuer legen. Schwieriger ist es dann, wenn sich so ein Verhaltensmuster auf das eigene Energiesystem überträgt. Dann braucht man selbstverständlich und logischerweise jemanden, der einen fährt, führt, steuert. Wer kann es wohl sein in so einem Fall? Die Mutter, die Ehefrau, der Ehemann, der Chef in der Firma, die Regierung, die Medien, ein „Guru" …? Es findet sich immer jemand, der es besser zu wissen scheint, wo es langgeht und/oder die Lenkung für einen gerne übernimmt. Man braucht nur auf den Autopiloten umzuschalten, die richtige „Funkfrequenz" zu finden und schon fährt man eine Route, die jemand anderer vorgegeben hat – aber! … ist unser Fahrzeug auch für diese Strecke geeignet? Wenn wir schon die Verantwortung für unser Weiterkommen, Fortkommen jemandem anderen überlassen haben, haben wir auch die Geländetauglichkeit geprüft? Haben wir Winterreifen für die beschneiten und frostigen Strecken in unserer Ausrüstung? Haben wir genug Sprit für tankstellenlose Gebiete mit oder droht, dass wir mitten in der Wüste hängen bleiben und verdursten? Haben wir geprüft, ob unser Lotse in so einem Fall auf uns wartet, uns abholt, großzügig eine Reparatur organisiert oder ein Ersatzfahrzeug anbietet?
Eigentlich sind wir nicht das Fahrzeug selbst, sondern der Fahrer. Seit unserer Geburt ist die Beschaffenheit des Fahrzeuges, sowie seine Wandlungsfähigkeit für unseren Weg, den wir vor uns haben, abgestimmt. Wahrscheinlich werden die Qualität und die Ausstattung des Körpers – Fahrzeuges – durch die Gene einigermaßen bestimmt, also suchen wir uns möglicherweise Eltern aus oder werden wir aufgrund des Anziehungsprinzips von Eltern angezogen, die in sich einiges davon tragen, das wir als Instrumente für unseren Weg durch die physische Welt brauchen werden. Aber nicht nur das. Vieles bringen wir selbst mit und bauen es in das Fahrzeug ein. Hinweise, Botschaften, Pläne, Wegkarten. Deswegen denke

Fahrzeuge besser zu gefallen als die eigenen. Die fremden erscheinen ihnen leichter bedienbar mit mehr Komfort, befindlich in interessanteren Gebieten ...

Siehst du, das verstehe ich auch nicht ... Ja, ja. Ich weiß. Irgendwo verstehe ich es schon, meine Instanz und so ... aber warum will es etwas in mir nicht wahrhaben? Warum will es etwas in mir nicht glauben?

---

ich, bestimmte Eltern zu bekommen, bestimmte Körpermerkmale und Verhaltensmuster von ihnen zu erben (wie unpassend sie zuerst auch erscheinen) kein Fluch ist, sondern die Fahrschule, der Fahrplan – das ist unsere gewissenhaft ausgesuchte Wahl. Gleicht der Körper unserem Elternteil, vielleicht einem gemütlichen Familienkombi, könnte es sein, dass wir es uns ausgesucht haben, in unserem Leben nichts zu überstürzen, um sich in einem gleichmäßigen, sicheren Schritt zum Ziel hinzubewegen. Oder haben wir es auch als eine Herausforderung gewählt, um sich von der scheinbaren Gemütlichkeit nicht einschläfern, nicht in Sicherheit wiegen zu lassen, die Illusion der Trägheit des Körpers zu durchschauen und trotz der Schwerfälligkeit des Fahrzeuges zu lernen, sich mit Leichtigkeit und Freude vorwärtszubewegen, bis sich das Auto, wie von Zauberhand, durch unsere Einstellung unserem Gemüt anpasst und zu einem luftigen, gelenkigen Cabrio wird. Jedem das seine. Wie schon erwähnt, man kann nicht pauschalisieren ... Wenn zwei Menschen zwei gleiche Fahrzeuge haben, heißt es noch lange nicht, dass sie die gleiche Strecke vor sich haben. Eine Mutter präferiert einen Kombi, um ihre Kinder sicher in die Schule fahren zu können und um für die regelmäßigen Großeinkäufe genug Stauraum zu haben, ein Weltenbummler entscheidet sich für das gleiche Gefährt, um mit seinem Hund gemütlich durch die Gegend zu fahren, und ein Automechaniker könnte dieses Fahrzeug ersteigern, um es mit mehr Power auszustatten oder in eine atemberaubende Limousine zu strecken, und ein Rallyefahrer wählt dies einfach nur deswegen, weil er seine Strecke mit so einem Fahrzeug noch nie gefahren ist und das Bekannte, schon Befahrene aus einem neuen Blickwinkel, mit einem neuen Feeling kennen lernen will.

Bin das etwa auch wieder nicht ich, die es nicht glauben will?

Möchtest du es sein?

Derjenige/diejenige, der/die nicht glaubt, was er/sie sieht, was er/sie spürt? Der/die es anders haben möchte als es ist?

Na, wenn du es so sagst, dann möchte ich es selbstverständlich nicht sein bzw. bin ich es auch nicht. Ich möchte doch einfach nur leben. Ich habe meine Augen, Ohren, Gespür ... Ich bin doch ich! Meine Sicht ist scharf, meine Ohren sind perfekt, mein Gespür ist genau, wie ich es brauche, nicht wahr? Warum schmunzelst du jetzt?

Na-ja – solche Worte aus deinem Munde?

Warum? Sind es wieder nicht meine?

Überleg mal ... Was möchtest du sein ...?

Möchte ich etwas sein? Ich bin doch.

Hast du jetzt deine Verschiebung mitbekommen?

Ja schon. Aber das ist ja Wahnsinn! Ich kann kaum etwas sagen, ohne dass da aus mir etwas anderes spricht oder denkt.

Möchtest du, dass etwas anderes aus dir spricht und denkt?

Na, jetzt kriege ich Panik!

Wer bekommt Panik?

Jetzt wird es aber wieder mühsam ...

Für wen?

Oh je!

Okay, möglicherweise hat der Spion die Panik bekommen, und doch glaube ich, dass ich es mir selbst dachte. Wie können wir dann diese Gespräche überhaupt führen?

Warte ab, was für Gespräche wir dann führen können! Dazu ist es aber nötig, dass du dich erkennst.

Ich erkenne, fühle nur, dass mein Bauch voll mit lautem Zeug ist ... oh Gott ... ich verstehe: Das ist nicht mein Bauch. Entschuldige, wo fühle ich mich denn hinein?

Ist es nötig, dass du weißt, wessen Bauch es ist? Möchtest du etwas von diesem Bauch, der sich derartig anfühlt?

Was sollte ich von solch einem Bauch wollen? Der ist doch

buchstäblich nur mit Müll voll. Nein, ich möchte nichts von diesem Bauch und soweit ich es zu verstehen beginne, zeigst du mir, dass ich Erwartungen an irgendeine Person hatte bzw. mit irgendeiner Person kommunizieren wollte, der dieser Bauch gehört. Ja klar, wie soll sie mich auch in dem Zustand verstehen …

Na Hurraaa! Jetzt haben wir es ein wenig.

Dein Job ist es nicht, zu entmisten! Und vor allem nicht in privaten Haushalten, wo die Hausherren selbst nicht aufräumen wollen bzw. das Haus längst verlassen haben oder sogar, statt endlich zu entmisten, fröhlich noch weiteren Mist ins „Haus" tragen.

Verstehst du?

Glaube schon …

Ich habe das Gefühl, dass es Menschen gibt, die ihren ganzen Mist zu mir tragen, damit ich damit etwas mache. Dahingegen wollen sie nur Platz für neuen Mist schaffen oder?

Nein! Sie geben dir nur ein bisschen was, damit sie Ruhe von dir haben. Damit du beschäftigt bist, damit sie den Eindruck erwecken, bei dir, sogar bei sich selbst oder vor „Gott", dass sie doch etwas machen. Aber es ist nur ein Ablenkungsmanöver.

Und meine Instanz weiß es bereits lange ... habe ich so ein vages Gefühl. Warum hat es sich nicht bis zu mir durchgesprochen?

Warum wohl? Wenn dir diese Menschen die Augen und Ohren zuhalten, dich sogar mit ihrem eigenen Mist zuschütten ...

Warum lasse ich es zu?

Lässt du es zu?

Alles andere ergibt doch keinen Sinn. Wenn ich es nicht zulasse, dann heißt es, ich bin nicht der Herr meines Selbst und dass die anderen mit mir machen können, was sie wollen und das kann auch nicht die Wahrheit sein, oder?

Nein, das kann wirklich nicht die Wahrheit sein, eine Erfahrung dagegen schon!

Mein Gott, was führen wir da als Menschen auf?

Das frage ich mich mittlerweile auch.

Wirklich? Du fragst dich das?

Na-ja, ich beobachte es und habe so meine Gedanken dabei. Ich sehe, dass die Menschen noch immer nicht müde sind, ihre Spielchen zu spielen ... dass es ihnen noch immer gelingt, etwas „Neues" im Alten zu erfinden ... etwas, was ihnen ein Gefühl von Fortschritt und Weiterkommen, sogar ein Gefühl von Sieg vermittelt.

Ja. Und wie geht das weiter?

Wie möchtest du, dass es weitergeht?

Möchte ich? Ich bin doch ich. Ich frage mich nur: Was, um Gottes Willen, mache ich da in dem Ganzen? Was hat das mit mir zu tun? Und ist „Gottes Wille" nicht übertrieben gesagt?

Meiner Meinung nach nicht, weil Gottes Wille natürlich überall ist. Die Frage ist immerhin gut. Was hat es mit dir zu tun?

Interessant, ich kann meine Instanz nicht erreichen.

Ja!

Ich kann nur sagen, was ich jetzt beobachtete. Es ist, wie wenn eine Tür zugesperrt worden ist und ich bin alleine geblieben.

Ja ...?!

Ich kann nichts sagen. Ich spüre noch immer den Schmutz im

Bauch. Diesmal fühlt es sich wie mein Eigener an. Ich fühle mich voll und aufgebläht, rund um mich und meinen Körper ist nur ein staubiges Schmutzgefühl. Wie kann ich aus diesem Zustand heraus überhaupt mit dir kommunizieren?

Kannst du auch nicht!

Tue ich doch gerade …

Was sagt es also aus?

Dass ich nicht mit dir kommuniziere, dass ich mir etwas vortäusche, dass ich dich erfinde, mir selbst diese Antworten gebe?

Na-ja, das würde jetzt einem gefallen, wenn ich dieses bejahe. Du weißt, es würde etwas sofort in dir aufschreien: „Ich habe es doch immer gewusst!". Was hat das mit dir zu tun?

Langsam wird es langweilig. Ich meine, müssen wir die ganze Bevölkerung durchgehen, damit ich jeden einzelnen Bürger aus mir ausschließe, dass ich es nicht bin?

Nein, müssen wir nicht. Ich auf jeden Fall nicht. Ich habe es längst getan und du auch, das weißt du bereits. Somit ist etwas anderes im Spiel …

Es geschieht etwas Seltsames mit dir und mit der Erde. Die

Dinge haben sich geändert. Die Zeit der Selbstreflexion ist vorbei. **Es ist Zeit, die Missverständnisse aufzuräumen, die aufgrund der Selbstreflexion entstanden sind.** Viele Sachen hast du angezogen oder dir zugezogen; aus dem Bemühen heraus, ehrlich zu dir selbst zu sein und aus der Bereitschaft heraus, auch den schlimmsten Wahrheiten ins Auge zu sehen. So hast du die schlimmsten Wahrheiten angezogen, die du dir vorstellen konntest, um ihnen in die Augen sehen zu können. Der Anblick war in vielen Fällen erschütternd. Das seltsame an dieser Geschichte ist … warst du es etwa … die diese Selbstreflexion machte?

Wenn du auf diese Weise fragst, dann wahrscheinlich nicht. Bald werde ich wirklich den Löffel abgeben, weil es so aussieht, dass ich nichts von dem war und bin, aus dem heraus ich je gedacht und gehandelt habe. Es kommt mir vor, als ob ich gar nicht bin. Wenn wir eine Schicht nach der anderen mit deiner Hilfe abtragen, bleibt, glaube ich, nichts mehr übrig. Wer spricht demnach jetzt mit dir?

Selbstverständlich du. Du glaubst doch nicht, dass dasjenige, das die Schichten präsentiert, selbst mit mir sprechen würde, damit ich es anspreche, damit ich es sichtbar mache, damit es sich vertschüssen kann?

Nein, nein meine Liebe, auf dieser Weise funktionieren diese Dinge nicht! Klar bist hinter der Selbstreflexion du!

Anderseits, die Idee der Selbstreflexion in der Form, wie du sie gehandhabt hast, stammt nicht von dir. Nicht in dieser Form. **Warum solltest du dich selbst reflektieren, wenn alles in Ordnung ist, wenn du in Ordnung bist, wenn du im Erfahren bist, wenn du im Leben bist – so wie du bist? Das Leben reflektiert dich. Das Leben selbst bringt dir vorbei, was du bist, und du lebst somit auf genau die Weise, wie du bist. So sind das Leben und du unzertrennlich.**

Sich etwas ansehen zu wollen, was bereits geschehen ist, bedeutet eigentlich, sich aus dem natürlichen Leben zu werfen und zu beginnen, sich damit zu beschäftigen, was längst gelebt worden ist. Wozu? Es ist immerhin bereits gelebt worden! Aufgrund des Erlebten, des Erlebnisses, ist das nächste Erleben, Erlebnis gekommen. Sich das Erlebte anzuschauen und dazu noch mit dem beigebrachten, erzwungenen (!) Willen der Selbstreflexion und Selbstehrlichkeit bedeutet, zu beginnen, das Erlebte, Vergangene, das Nichtmehr-da-Seiende nur in der Vorstellung jenseits der wahren Lebendigkeit zu holen, es zu werten, zu kategorisieren, in Schubladen zu stecken, es verändern, manipulieren, heilen zu wollen usw. Und was passiert mit dem Leben, während man sich mit dem Vergangenen beschäftigt? Nein, nein! Es bleibt nicht stehen. **Das Leben lebt sich selbst weiter.** Das ist auch gleich eine Erklärung, warum so manche Seelen den Körper stehen lassen, der sich in der Vergangenheit verstrickt hat und dort leben, wo das

Leben weitergeht. Warum sollen sie auch etwas verpassen?

Das ist alles nett. Ich verstehe. Allerdings klingt alles endlos, mühsam, unlösbar. Ohne Happy End. Bis ich mich des Ganzen entledigt habe, was mich in der Mangel hat, ist das Leben an mir vorbeigelaufen. Da kann ich gleich abtreten. Mein ganzes Leben scheint nur eine Farce, eine Parodie auf das Leben zu sein. Ich möchte leben und lebe lauter Leben von anderen. Das ergibt doch gar keinen Sinn.

Möchtest du, dass es einen Sinn ergibt?

Nein. Jetzt werde ich brutal, wenn ich es überhaupt bin! Es ist mir scheißegal!

Nein! Nein! Es ist mir nicht scheißegal!

Ich möchte, dass es aufhört! Ich möchte mich, ich möchte mein Leben leben ... was für ein Blödsinn alles ... alles nur ein Haufen Worte ... ich, ich möchte leben. Ich möchte leben! Punkt. Basta. Aus.

Jetzt bin ich langsam sauer. Jetzt reicht es wiedermal.

Das ewige Spiel der Macht

Heute geht es mir sehr gut. Ich habe gar keine Fragen und deswegen dachte ich mir, warum soll ich mit dir nicht auch einmal aus so einem „guten" Zustand heraus unterhalten. Ich dachte, ich führe mal ein entspanntes Gespräch mit einem Freund, an einem sonnigen Samstagvormittag, wo es nichts zu tun gibt, außer locker beisammen zu sein, zu genießen und sich auszutauschen. Ich hielt es für möglich.

Kann ich dich zu einem freundschaftlichen Gespräch über Gott und die Welt einladen oder haben wir etwas anderes vor?

Meine Liebe, zuerst Mal wünsche ich dir einen wunderschönen guten Morgen. Eine schöne Aussicht hast du hier. Wunderschön untermalt mit den herbstlichen Sonnenstrahlen, die hier durch den dichten Baum vor deinem Fenster strahlen.

Ich fühle mich geehrt, dass du mich zu einem freundschaftlichen Gespräch eingeladen hast, und siehe, ich habe es mir in einem Sessel neben dir gemütlich gemacht und rauche eine geistige Pfeife, was ein interessantes Symbol ist, weil man zusammen mit dem entweichenden Rauch die Gedanken wunderschön gleiten lassen kann. Also … wo möchten wir hin?

Einfach in deiner Begleitung ein wenig Träumen, eben ... was weiß ich, wie man es mit einem geistigen Freund macht. Ist es nicht gerade das gewesen, wohin du mich, seit der Kindheit (auf solche Ausflüge) mitgenommen hast und mir andere Welten, andere Möglichkeiten, Gefühle gezeigt hast?

Ich frage zurück lieber Freund, wohin nimmst du mich heute mit?

Siehst du, das Schicksal hat uns zusammengeführt und wir wissen nicht, ich betone – beide nicht – wohin es uns führt, was sich noch so alles aus solcher Begegnung an solch sonnigem Tag entwickelt, welche Möglichkeit sich noch öffnet. Lass uns hier ruhig sitzen, ohne etwas zu wollen. Meditativ in die Ferne schauen und darüber sprechen, was gerade auftaucht. Ich weiß, du möchtest dich nicht beklagen, aber ist ein Freund nicht auch dafür da? Um zuzuhören? Wie möchtest du mit leichtem Geiste einen Ausflug in unbegrenzte Zonen machen, wenn dein Geist nicht frei, sondern beschwert ist, wenn sich darin Unklares, Ungeklärtes, Altes, Unverdautes befindet? Sprich ohne Umschweife, direkt aus deinem Herzen, deiner Seele. Ich bin hier, um zuzuhören und dabei meine Pfeife zu rauchen.

Na gut. Da muss ich gleich nachhaken. Aus meinem Blickwinkel sehe ich dich in einem gemütlichen Sessel, hier neben mir sitzen, aber, wenn ich mit den Augen schaue, gibt es hier neben mir gar nicht so viel Platz für einen zusätzlichen Sessel für dich :) Wo sitzt du dann eigentlich? Nur in meiner Vorstellung? Wenn ja, befindet sich diese auch in diesem physischen Raum?

Ich sitze, wo ich sitze. Ich übermittle dir nur ein Bild, damit du dir vorstellen kannst, wie wir kommunizieren. Ich übermittle dir ein Gefühlsbild, damit du siehst, dass es heute freundschaftlich zugeht. Ich übermittle dir ein gemütliches Bild von mir, das du auf diese Weise nicht kennst. Statt einem wachen, oft strengen Lehrer und Coach, ein entspannter Freund. Kaum jemand, der mit uns (geistigen Coaches) ins Gespräch kommt, lässt solche verträumte Menschlichkeit zu. Allerdings um mit euch/mit dir kommunizieren zu können, müssen wir uns/muss ich mich auch hineinfühlen. Es ist viel bequemer aus einer solchen Haltung heraus, als von irgendeinem Podest zu coachen, auf das ihr uns immer wieder stellt.

Sag mal, wie sieht dein Gemütszustand gerade jetzt aus?

Na ja, obwohl du hier bist und ich eigentlich heiter sein sollte, bin ich auf einmal traurig geworden, dass es mir fast das Herz zum Stocken bringt und anschließend tue ich mir, glaube ich, selbst leid, dass ich derart traurig bin.

Du sitzt auch nicht mehr in deinem Sessel, sondern hinter mir und hast damit etwas zu tun, dass ich im Herzen diese

Traurigkeit empfinde. Bitte sage mir nicht, dass es deine ist, weil dann wäre ich komplett verwirrt und noch trauriger. Wir (Menschen) stellen uns vor, ihr – unsere geistigen Freunde – seid komplett frei von solchen unangenehmen menschlichen Gefühlen.

Frei sind wir, obwohl ich lieber nur über mich spreche. Frei bin ich, nur nicht so, wie ihr/du. Frei bedeutet nicht, es nicht zu haben, es nicht empfinden zu können und zum Beispiel nicht traurig zu sein. Oh, ich kann sehr gut traurig sein; war ich auch lang genug ein Mensch. Mein Zustand ist jedoch anders als deiner. Ich bin nicht traurig darüber, dass ich traurig bin! Oh nein. Ich genieße diesen Zustand, ich freue mich darüber Traurigkeit zu empfinden, auch wenn diesmal durch dich. Das ist die Freiheit, das ist das Spannende daran, es nicht weg haben zu wollen, sondern es willkommen zu heißen, es zu ehren, es auszukosten – wie blöd es für euch Menschen auch klingen mag.

Du hast doch unlängst eine Erfahrung gemacht, wie du dich am Schienbein gestoßen hast, was sehr, sehr schmerzlich war. Und du hast aus diesem Schmerz heraus oder in diesem Schmerz mitten drin gemerkt, dass er auch noch eine andere Wirkung hatte. Du hast gemerkt, dass er dich zu dir selbst zurück gebracht hat. Du hast gemerkt, dass der Schmerz dein Freund war, der dir aufgezeigt hat, wie weit entfernt du von dir selbst warst. Er informierte dich darüber, was notwendig war, welche Intensität, damit du dich wieder spüren kannst. Und du hast diesen Schmerz in deinem Leben willkommen geheißen, du hast dich sogar bei ihm bedankt, und so konnte er gehen, ohne wirkliche Spuren zu hinterlassen. Du warst nachher überrascht, dass deine, normalerweise empfindliche Haut gar keinen blauen Fleck davongetragen hat. Ja, das ist möglich! Es gab keinen Bluterguss, weil es keine Verletzung gab! Es war eine Hilfe und du bist dir dessen unmittelbar bewusst geworden.

Wenn wir schon bei solch einem Thema sind, würde ich noch bei dem Vorfall von dieser Woche nachfragen: Dieser fast Autounfall, der wirklich nur um Haaresbreite gut ausging. Irgendwie war es das Ungemütlichste, was ich bis jetzt bewusst in meiner Autofahrerkarriere erlebt habe, obwohl ich gar nicht selbst am Steuer gewesen bin. Du weißt, wir sind mit dem Auto in die Kreuzung hineingefahren und scheinbar aus dem Nichts heraus ist von links ein Auto auf uns zugerast und mit arg quietschenden und rauchenden Bremsen, ca. einen Millimeter vor der Fahrerseite unseres Autos entfernt stehen geblieben. Man konnte bereits den Krach hören, es geschah aber Gott sei Dank nichts. Beide Autos sind nach einem kurzen Schock, ohne einzigen Kratzer, einfach weitergefahren, was ich persönlich irgendwie sehr unpassend fand. Ich hatte das Gefühl, wir alle sind in diesem außerordentlichen Moment zu wenig, zu kurz verharrt und sich zu wenig bewusstgeworden, wenn überhaupt, um was es dabei ging. Schließlich standen wir mitten auf einer Kreuzung und mussten/sollten (?) dort weg, oder? War es etwa auch eines von diesen Dingen, die es auszukosten, zu zelebrieren, willkommen zu heißen galt?

Na ja, so würde ich es nicht nennen, weil es komplett der menschlichen Logik widerspricht. Das Gehirn würde auf stur schalten und nicht mehr zuhören. Wir müssen es uns aus einer anderen Perspektive ansehen, dort wo es weniger Dramatik und mehr Sinn für Synchronizitäten gibt.

Es ging darum, aus irgendetwas auszubrechen. Aus dem Alltag in dem Städtchen, wo ihr (du und dein Mann) aktuell arbeitet, aus dem Kreis der Gedankenwelten, die euch dort immer eingeholt haben. Der „fast Crash" hat nur aufgezeigt, was für eine Wucht, was für ein Anhalten, eine Schockwelle notwendig war, um euch dort herauszureißen, wo ihr gerade wart und euch wieder in die Gegenwart, in das Jetzt zu holen.

Es war nicht wie sonst, wo sich alles vor den Augen verlangsamt, in Zeitlupe abläuft, wo sich unendlich viele Gedanken und Wahrnehmungen innerhalb einer winzigen Sekunde abspielen. Das andere Auto ist aus dem Nichts aufgetaucht, hat gequietscht und gleich war es auch schon vorbei und wir sind fast so (dennoch ein wenig aus dem Häuschen) weitergefahren, als wäre nichts gewesen. Wenn ich jetzt innerlich diesen Augenblick zu erreichen versuche, bekomme ich

untypische Kopfschmerzen und eine Art Stau in der Brust. Ich
kann dort nicht zurück. Kann ich daraus schließen, dass der
„Crash" nicht mir galt?

Ja und nein. Wie sonst. Ich sage mal, dein Job in dieser
Geschichte ist getan. Nachzudenken darüber hat jemand
anders, weil es nicht dich betrifft, und der/diejenige, der/die
damit mehr zu tun hat, wird es auf die eine oder andere Art
zu spüren bekommen. Alles zu seiner Zeit.

Das, was dich nicht in Ruhe lässt, ist die außergewöhnliche
Gefahr, die du wahrgenommen hast, die auf euch offensichtlich zusteuerte, die euch sozusagen das Leben hätte kosten
können und die gleichzeitige Inexistenz dieser Gefahr noch
ein Sekundenbruchteil davor. Du spürst, glaubst, es war eine
Warnung und möchtest es übersetzen, möchtest es verstehen, um dich nächstes Mal vorzusehen. Aber das geht nicht.
Warum geht das nicht?

Weil es mich nicht betrifft?

Bingo!

Aber ich bin doch im Auto mitgefahren!

Ja! Um mitzuwirken. Jemand sollte etwas davon lernen und du
warst dort, um es bewusst zu machen, damit es mehr sichtbar

wird. Deine Worte, die du unmittelbar davor gesprochen hast, haben den „fast Unfall" eindeutig vorausgesagt und gewarnt, ohne dass du (menschlich) gewusst hast, wovon du eigentlich sprichst. Jedoch derjenige, dem es gegolten hat, wusste es! Ob bewusst oder unbewusst. Das ist egal.

Mich schockiert, dass etwas Derartiges notwendig war. Wir (mein Mann und ich) bemühen uns täglich bewusst zu sein, nicht leichtsinnig zu leben und so weiter.

Wer sagt, dass es euch beiden galt? Hast du doch das Fahren gerade für diese eine Fahrt nicht deinem Mann überlassen, weil dir seine Fahrkünste an dem Tag optimaler vorkamen als deine? Hast du dich nicht auf den Rücksitz gesetzt, weil du gemeint hast, dort hast du mehr Überblick, dort kannst du mehr „bewirken" und in die Ruhe kommen, während euer Fahrgast auf dem Beifahrersitz saß? Hast du so, auch wenn unbewusst, deinem Mann nicht den Rücken gestärkt?

Es war ein augenblickliches Zusammenspiel von mehreren Faktoren, wo es Manchem nicht klar war, wer eigentlich den Durchblick, die Oberhand hat. Es war ein Moment, wo verschiedene Energien auf einer Kreuzung zusammengestoßen sind, die sich in ihren Kräften messen wollten/konnten. Ich garantiere dir, es waren welche da und keiner von euch hat sie vorher gemerkt. Aber du hast aufgepasst! Mehr kann ich derzeit dazu nicht sagen.

Gut, noch eine letzte Frage dazu. Hat meine schreckliche Müdigkeit mit diesem Fast-Crash etwas zu tun?

Auf die Wortwahl aufpassen, bitte! Warum sollte die Müdigkeit schrecklich sein? Ist es nicht herrlich, wenn dich etwas darauf aufmerksam macht, dass du dir Ruhe gönnen sollst, dass du irgendwo ein Regenerationsbedürfnis hast?

Wenn du es so sagst, klingt es sicher interessant. Ich habe gleichwohl das Gefühl, wenn ich mich dem hingebe, stehe ich niemals mehr auf.

Möglicherweise stimmt es sogar auch. Ein gewisser Teil wird wahrscheinlich nicht mehr aufstehen – derjenige, der vor der Müdigkeit Angst hat, der sich wehrt, der im Kampf, in der Ablehnung und im Widerstand zu der Müdigkeit ist. Derjenige, der glaubt, immer funktionieren zu müssen; dieser wird wahrhaftig nicht mehr aufstehen. Denn sobald er die Müdigkeit willkommen geheißen hat, hat er sich transformiert und er ist nicht mehr der gleiche. Ist es nicht wunderbar, wie einfach das ist?

Und um auf deine Frage einzugehen, ja, diese Zeit war anstrengend. Es war eine sehr präzise Arbeit, die sehr viel Aufmerksamkeit und Energie auf vielen Ebenen erforderte. Nur, es war nicht diese Sekunde des „fast Zusammenstoßes". Es war eine ziemlich lange Zeit und dieser augenscheinliche Moment war nur die physische Manifestation, das Sichtbarmachen dessen, was bis dahin den Augen verborgen blieb, was dabei ununterbrochen die Energie in Anspruch nahm.

Dementsprechend lang dauert dann auch die Regenerationszeit.

Du warst dort und hast auf uns aufgepasst? Wenn ich schon so kindlich fragen darf ...

Ja, ich war dort und ich habe nicht aufgepasst, ich bin mitgefahren.

In welchem Auto?

Das bleibt mein kleines Geheimnis. Du weißt es doch bereits und dein Mann auch.

Alles gut und schön. Trotzdem kann ich keine Erleichterung spüren, als wäre der Spuk noch nicht vorbei.

Ja ...!

Ja???

Na-ja, er ist dann höchstwahrscheinlich auch noch nicht vorbei, wenn du auf dein Gefühl vertraust – nicht wahr?

Na super! Da bin ich aber extreeem erleichtert, ha, ha, ha ...
Und wann ist dann der ganze Spuk endgültig vorbei?

Erst wenn du den menschlichen Körper verlässt oder wenn einige Menschen endlich anfangen das zu lernen, was sie zu lernen haben, weswegen sie eigentlich in den Körper gekommen sind und wenn sie aufhören, sich Verschleierungs- und Ablenkungsstrategien auszudenken und diejenigen zu bekämpfen, die sie eigentlich zu Hilfe gerufen haben, damit diese sie daran erinnern, weswegen sie da sind.

Das alte und ewige Spiel halt – du kennst es zur Genüge.

Dazu passt vielleicht noch mein Traum von dieser Woche:

Ich wurde von jemandem in einen Raum gebracht. Die Traumenergie, die Welt, war mir neu, unbekannt, aber ich wusste, ich kann vertrauen. Ich wusste, ich habe es gewählt und dass alles im angemessenen Rahmen war. Ich wusste, es konnte mir dort nichts passieren und ich werde dort viel lernen können. Irgendwie wusste ich, um was es geht, was mich dort erwartet, als hätte ich bereits eine (Ein-)Schulung dafür absolviert. Was dennoch seltsam war, ich hatte dort keinen Namen. Ich war wie nackt, was mir eigentlich nicht unangenehm, eher normal vorkam. Ich war eben ich, machte mir keine Sorgen um meinen Namen, ich wusste, eines Tages werde ich irgendeinen der passt, bekommen und dann werde ich wissen, wie ich mich nennen kann. Auf einmal kam jemand auf mich zu, der dort auch „abgeliefert" wurde und erzählte mir, dass es dort nur fad ist, alles läuft voll geregelt ab, alles ist begrenzt, unspektakulär, und dass er vorhat, einen Ausflug außerhalb des Raumes zu machen. Dort, wo er tun kann, was er selbst möchte und nicht das, was er gesagt bekomme. Er fragte mich, ob ich mitkommen will. Weil dort keine Verbote galten und alles frei war, bin ich einfach mit ihm mitgegangen und meinte, wir gehen in den Vorgarten und ich leiste ihm einige Zeit Gesellschaft, bis er das tut, was er tun wollte. Ich dachte mir nichts weiter dabei, sollte es gleichwohl nur einen Augenblick dauern. Ich konnte immerhin jederzeit zurückgehen. Und so sind wir schließlich vor der Tür in einem anderen Raum gelandet, wo absolut nichts war. Und mein Begleiter meinte, jetzt kann er sich dort endlich erschaffen was er möchte. Er machte einen kurzen, nachdenklichen Eindruck und siehe da, unmittelbar entstand vor unseren Augen aus dem Nichts eine Kreatur. Bei näherem Hinsehen erkannte ich einen Wolf. Sein Erschaffer erstarrte jedoch in Furcht, weil er anscheinend so etwas nicht kannte und auch nicht erschaffen wollte. Der Wolf zeigte auch schon seine scharfen Zähne und sprang ein paar Schritte vor. Alles wirkte ziemlich bedrohlich, und bevor ich mich versah hatte mein Begleiter bereits aus dem nebeligen Nichts eine weitere Kreatur gezaubert, die ihn vor dem Wolf beschützen sollte. Und auf diese Art ging es einige Zeit weiter, bis ich merkte, dass der erfinderische „Schöpfer" nicht zur Ruhe kam. Wie von Sinnen fuchtelte er vor seinen Augen wild mit seinen

Händen und erschuf ein ungemütliches Ding nach dem anderen, so dass vor uns letztendlich ein Gemetzel, ein Chaos, eine gefräßige, aggressive Hölle los war. Das größte Geschöpf sollte das andere fressen, nur als es fertig war, bedrohte es den eigenen Erschaffer und deswegen musste ein neuer Köder her. An einem Punkt erkannte ich für mich, dass es mir keinen Spaß mehr machte, dem zuzusehen. Mein Begleiter war dermaßen in die Geschichte vertieft, dass er mich nicht mehr wahrnahm und auch nicht zu stoppen war, und so entschied ich, alleine in den ursprünglichen Raum zurückzukehren, wo irgendwie alles einen Sinn hatte. Um den Begleiter machte ich mir keine Sorgen. Ich wusste, er war nicht wirklich bedroht. Waren doch alle seine Schöpfungen nur aus der Luft gegriffen und nicht real.

Was sagst du zu dieser Geschichte?

Ist mit ihr nicht längst alles gesagt?

Ist es?

Eigentlich ja. **Menschen erschaffen sich selbst ihre eigenen Monster, die sich anschließend gegen sie wenden.** Wie soll es auch anders sein, wenn diese auf der Basis von Unzufriedenheit und Besserwisserei – Ich zeige es allen! – entstanden sind. Man hat in jedem Moment alles zur Verfügung, was man für den nächsten Schritt braucht.

Genügt es einem nicht, lehnt er das bereits Vorhandene ab, ehrt und respektiert er es nicht, will etwas Anderes, etwas Besseres haben als das, was er eigentlich braucht: Okay, sein Wille geschehe. Was bekommt man dann aber, wenn in dem „geschützten" Raum alles war, was man für den nächsten sicheren, makellosen Schritt benötigte? Etwas anderes kann dann nur logischerweise etwas Unsicheres, Unvollkommenes sein. Etwas, das einen nicht von einem Schritt zum nächsten begleitet, sondern ihn von dem nächsten Schritt abhält. Ja, so ist es – glaube ich – gut gesagt.

Ein Mensch ist nie ausgeliefert, außer er hat sich dafür entschieden und möchte es sein.

Danke!

Ich habe für heute noch eine ganz andere Frage: Mein erhöhter Blutdruck in den letzten Tagen. Ich bin bis jetzt eigentlich jemand gewesen, der immer mit niedrigem Blutdruck unterwegs war und jetzt ist da dieser Druck in meiner Brust und in meinen Beinen und sogar auch auf dem Blutdruckmesser sichtbar. Warum das?

Der Kaffee, den du jeden Tag trinkst, ist nicht gut für dich. Das muss gesagt werden. Er ist nicht gut, weil er dich verausgabt. Das heißt, er lässt dich deine Müdigkeit nicht spüren, welche dich daran erinnern soll, dass du genug hast. Das ist das eine. Das andere ist die Fähigkeit des Körpers, sich zu regenerieren, auch unter verschärften Umständen, eben auch, wenn der Mensch auf die Signale nicht hört. Der Körper macht das Beste, was er gerade kann. Kommt von außen oder Innen ein erhöhter Druck, muss der Körper diesen Druck auf irgendeine Weise verarbeiten. Entweder er verlangsamt alles (der niedrige Blutdruck) oder, wenn er es nicht kann, dann gibt er Gas – wie ihr sagt. Das ist dein Fall derzeit. Es bleibt ihm über die Nacht zu wenig Zeit zum Regenerieren in einer gewohnten Geschwindigkeit. So kann man sagen, steht der Körper selbst unter Druck, sich schnell zu regenerieren.

Ja, anderseits in solchem Zustand kommen auf mich Hundertmillionen Gedanken zu und ich kenne mich vorn und hinten nicht mehr aus. Ich spüre, höre Ärger, Aggression, Wut in einem unbekannten Maß. Alles schwebt um meinen Kopf und in meiner Brust herum und ich weiß nicht, wie ich da herauskommen soll.

Erschwerte Bedingungen meine Liebe. Das menschliche Leben macht nicht immer nur Spaß. Wie immer wieder gesagt, es ist nur eine Betrachtungsweise.

Anders gesagt, machst du eben die Erfahrung, wie es ist, in einen fremden Raum eingedrungen zu sein, wo es nicht darum geht, sich auszudehnen, sich auszubreiten, sondern schlicht und einfach zu sein bzw. einfach zu überleben. Es gibt Energien, die Besitzansprüche auf gewisse Räume erheben, was selbstverständlich ein Blödsinn ist. Die Geschichte schaut eigentlich anders aus. Diese Energien sind diejenigen, die in diesem Raum gefangen sind. Sie können ihn – aus welchen Grund auch immer – nicht verlassen und um dieser Tatsache nicht ins Auge sehen zu müssen – weil sie sonst hilflos und arm erscheinen – tun sie so, als wäre es gewollt, als wäre es ihre Wahl in solchen Räumen ewig zu weilen. Um aus solcher Situation das Beste für Ihr Image herauszuholen, versuchen sie dort zu herrschen und sich dadurch eine Art Karriere vorzugaukeln. Sie erklären sich zu Besitzern und besetzen alles, was sie nur besetzen können. Ihre Strategie ist zum Beispiel die, durch diesen Raum Reisende zu besetzen und zu versuchen so, als blinde Passagiere, mit ihrer Hilfe diesen Raum zu verlassen, was aber nach hinten losgeht, weil eben diese Energien den Raum so lange nicht verlassen können, bis sie etwas Bestimmtes nicht erkannt bzw. bevor sie nicht etwas losgelassen haben. Oft bleiben dann in diesem Raum allerdings auch die Durchreisenden selbst hängen, weil die Energien an ihnen haften oder sie durch verschiedene Tricks in den Bann gezogen haben. Sind dir jetzt die Ursachen eures „fast Autounfalls" mehr klar?

Die starken Aggressionen, die du spürst, die sich wahrhaftig gegen dich zu richten scheinen, sind eben solche Energien, die deine Freiheit nicht akzeptieren können. Frei zu sein ist in dem Raum verpönt. Zu besitzen und zu besetzen ist dort der Hit! Und besitzen wollen (!) kann man auch die Freiheit von jemand anderem, weil das dort eine Art „Ware" ist, an der es in einem solchen Raum mangelt. Ein ziemlich seltsames Spiel, ich weiß.

So, ich würde sagen, wir machen für heute Schluss. Ich arbeite mit dir danach noch ein wenig in der Nacht.

Schluss und fertig. Meine Pfeife ist kalt.

Danke! Danke vielmals.

AUS DEM TRAUM NOCH NICHT ERWACHT

Letztes Mal hatten wir eine Art „Beisammensein". Du rauchtest gemütlich deine Pfeife und wir unterhielten uns. Welche Form wählen wir für das heutige Gespräch?

Na-ja, wie ich es sehe, gehen wir nach draußen, um eine Runde zu spazieren.

Worüber möchtest du denn heute sprechen?

Eigentlich gibt es zwei Dinge: Einmal den Traum von gestern, der irgendwie einschneidend war und dann meine Tätigkeit ab dem neuen Jahr und die Schwierigkeit der Planung und der Festlegung. Oder hast du einen anderen Vorschlag?

Was meinst du? Welches wäre für heute das Thema?

Meine Liebe, deine Themen sind in Ordnung. Es ist nur so, dass diese Themen sehr tiefgreifend sind und meist müssen wir zuerst weit ausholen, um uns zum Kern durchzuarbeiten.

Beginnen wir mit dem Traum/den Träumen, die, wie ich spüre, in dir noch wach sind und dich noch immer zu sich rufen.

Ja. Da wäre der heutige Traum. Allein, wenn ich daran denke, dass wir darüber sprechen werden, beginnen sich Ängste in meinem Bauch zu bewegen.

Bewegen ist schon einmal das richtige Wort und das deutet darauf hin, dass wir in die richtige Richtung blicken. **Angst vor Bewegung kann nur dort sein, wo ein Stillstand, eine Starre erwünscht ist.** Wo kann das denn sein? In irgendetwas Eingefahrenem, etwas das Angst vor der Veränderung, also vor dem Unbekannten hat.

Ich habe den Eindruck, dass ich eher Angst vor der Interpretation des Traumes habe. Er war doch ziemlich ungewöhnlich. Aus meiner menschlichen Sicht ziemlich unethisch, fast unmoralisch und irgendwie auch unappetitlich – fast wie ein Horrorfilm.

Was meinst du, was sage ich zum Unmoralischen, zum Unethischen und Unappetitlichen?

Alles nur eine Frage der Betrachtungsweise, der Interpretation. Wenn wir die Wertung beiseitelassen, dann geht es wie immer vor allem um die Erfahrung, die du im Traum gemacht hast und damit hat es sich auch erledigt ;)

Ja, aber diese Erfahrung poltert jetzt in mir. Ich verstehe nicht, warum ich mich in so etwas befand und warum es so war wie es war. Die Erfahrung in der Realität des Traumes schien gänzlich in Ordnung und passend zu sein. Dort war ich abgeklärt, abgehärtet. Alles war in Ordnung. Es war im Jetzt ... einfach das aktuelle Geschehen. Und doch, hier in diesem menschlichen Jetzt fühlt es sich nicht richtig, es fühlt sich unangenehm an. Alleine der Gedanke daran tut irgendwo weh. Die Erinnerungsbilder im Kopf würde ich am liebsten auslöschen, obwohl, wie gesagt, dort alles in Ordnung war.

Was glaubst du warum hast du es geträumt?

Das ist eben die Frage. Dieser Traum war total anders als alles, was ich bis jetzt geträumt habe. Allerdings passt die Energie in die Richtung, was ich in den letzten Tagen träumte. Eben sehr unheimlich, sehr intensiv, sehr real – fast zu real. Warum habe ich nur einen solchen Traum geträumt?

Einfach, damit du es träumst. Damit du die Erfahrung machst, dass es auch so etwas gibt. Und dass das „so etwas" ist, was du zu begreifen, zu verstehen versuchst. Aber das geht nicht so. Wie du trefflich sagst, ist es etwas Neues. Somit brauchst du damit mehrere Erfahrungen, um einen klaren Kopf bzw. Klarheit zu diesem Thema zu bekommen. Zugegeben, aus der menschlichen Sicht kann es beunruhigend sein.

Eben! Ich glaube, dieser Traum wird mich noch Tage verfolgen.

Ich selbstverständlich, oder etwas in mir, möchte gerne die Antworten, die Deutungen, die Sinnhaftigkeit dieser Träume verstehen.

Irgendwie bin ich noch im Traum, erwarte Antworten, kann mich nicht davon freimachen.

Es scheinen viele Themen gleichzeitig da zu sein und alles ist erst im Werden ... keine Ahnung ... vielleicht ist es besser, wir verschieben dieses Gespräch auf ein anderes Mal?

Weise Entscheidung. Du wirst sehen, es wird sich alles klären (im Sinne der Klarheit). Genieße den Tag und mache dir keinen Kopf. Es ist wie es ist. Alles ist in Ordnung. Alles ist so, wie es ist – optimal.

Schönen Tag noch ...

Danke, dir auch ... obwohl ich ein wenig traurig bin, weil ich doch gerne länger mit dir gesprochen hätte. Ich merke, der Körper kommt nicht einmal mit – schmerzt. Also bis zum nächsten Mal.

DER KÖRPER IST EIN KOMPLEXES, BEWUSSTES SYSTEM

Lieber Coach, heute schwänze ich meine Arbeit. Gestern erschien es mir unmöglich, dort noch länger zu verweilen – ich war wie (aus)geblendet. Jegliche Vorstellung, dass ich den nächsten Tag auch dort (an der Arbeit) sein soll(te), ließ mich verzweifeln.

Hallo und einen guten Tag meine Liebe. Was soll man sagen? Man ist so geblendet, wie man geblendet ist. Du kennst auch diese Metapher mit dem halbvollen und/oder halbleeren Glas. Das heißt, du bist in demselben Moment, wo du geblendet bist, auch wach und klar, so wie du wach und klar bist – um es hier klarzustellen. :) Du selbst weißt doch, dass **wenn du Ausflüge in gewisse Ebenen machst, es für dich fast (über)lebenswichtig ist, dass gewisse Dinge ausgeblendet werden, um dich nicht zu verirren bzw. den Halt oder das Gleichgewicht nicht zu verlieren.** Der Grad der (Aus)Blendung entspricht dem Grad des Vertrauens zu dir selbst und deiner Selbstbewusstheit, dich nicht zu täuschen, nicht zu glauben, dass es die ganze Wahrheit ist.

Klingt mal wieder logisch, und das tut gut. Es ist mir seit langer Zeit, wahrscheinlich seit unserem letzten Gespräch, nichts mehr logisch vorgekommen. Ich meine, wie ist es möglich? Wir schreiben/sprechen erst die ersten Worte und gleich klärt sich etwas und deswegen habe ich gedacht, ich werde heute sicher unfähig sein, mit dir zu kommunizieren. Ich meine, ich habe es gehofft, aber ich bereitete mich auf eine lange Startphase vor. Ich dachte, ich bin dermaßen zugebunkert, dass es einige Tage in Anspruch nimmt, mich freizuschaufeln und siehe da – ich bin „online". Wie ist das zu verstehen?

Sind meine Zustände nur Täuschung?

Was ist mit den körperlichen Symptomen?

Die Kopfschmerzen, Übelkeit, stetes aufgeblasenes Gefühl, Labilität – das Tränenmeer, Muskelkrämpfe und das Fiebrige?

Wenn ich es gar nicht bin, warum fühlt es sich körperlich so echt an? Lässt sich mein Körper täuschen? Täuscht mein Geist, der Verstand den Körper? Ich hoffte, dass der Körper doch einigermaßen autonom ist. Ich dachte, wenn ich wirre Gedanken habe, die gar nicht meine sind, wenn ich Emotionen empfinde, die von außen kommen, dass der Körper es irgendwie weiß, spürt, dass es von außen ist und nicht von innen. Deswegen meinte ich, der Körper ist eine Art Messinstrument, ein Barometer, auf das ich mich verlassen kann, wenn er einigermaßen gereinigt ist. Also glaubte ich, wenn der Körper etwas meldet, so ist im Inneren nachzusehen, obwohl schon alleine diese Überlegung Blödsinn ist, weil ... warum eigentlich?

Weil der Körper kein Barometer ist. Ein Barometer meldet Tief- und Hochdruck. **Der Körper ist dagegen ein komplexes System das ununterbrochen eine Vielzahl an Informationen verarbeitet und noch dazu; er ist in seinem Ursprung als Instrument neutral. Er kann nicht (aus)werten, ob es sich um z.B. Hoch oder Tief handelt, außer er wird mit der Zeit so programmiert. Der Körper ist auf gewisse Weise ein bewusstes System, das weiß, was es zu tun hat. Vor allem weiß er, wem er gehört, beziehungsweise von wem er ein Teil ist. Ein Körper boykottiert sich selbst nicht! Nicht sich selbst als die Gesamtheit der ganzen bewussten Einheit, auch des Wesenhaften, außer es wird diese Erfahrung – aus welchen Gründen auch immer – gewünscht.**

Meine Liebe, dein Körper ist hochintelligent. Er hat sich und dich sicher durch unzählige Krisen geführt. Er hat gerastet, wurde gewartet und aufgetankt. Aufgetankt hat er sich vor allem dort, wo eine sichere Raststätte war. Dein Körper, der körperliche Teil von dir weiß, wie groß die Reserven sind und wie lange du auf Reserve fahren kannst, wenn überhaupt. Wenn eben eine längere Strecke ohne Tankstelle bevorsteht, beginnen alle Warnleuchten zu leuchten, um die passende, die Letzte vor einer längeren Durststrecke, nicht zu übersehen. Auf diese Weise könnte man auch den gestrigen Tag betrachten. Du hast einfach gemerkt, dank deines Körpers, dass es Zeit ist, sich wieder aufzutanken.

Gut. Aber warum war solcher Notstand überhaupt notwendig? Habe ich gewisse Warnsignale verpasst?

Nein, nicht wirklich.

Es ist nämlich so, dass es in der letzten Zeit nicht viele optimale Tankstellen auf deiner Strecke gab, wo du auch hättest rasten können. Wie gesagt, du wusstest vorher, wohin du fährst und dementsprechend „wurdest" du vorher aufgetankt.

Verstehe. Muss jedoch noch einmal nachhaken:

Ich hatte gestern das Gefühl, ich kann auf solcher Weise nicht mehr länger weitermachen. Ich – wahrscheinlich der Mensch in mir – oder (?), oder ich als Ganzes, fühlt, denkt sich in der letzten Zeit, ich packe es (was auch immer das „es" ist) nicht mehr. Es muss etwas passieren! Ich muss aufhören, ich muss wechseln oder so etwas. Nur ich weiß nicht wie und was. Es scheint keine Alternative zu geben. Es scheint, als „müsste" es noch einige Zeit weitergehen, aber alles in mir (bin ich es überhaupt?) schreit: Ich will, ich kann nicht mehr! Und du weißt doch – ach Quatsch – ich selbst weiß es doch, dass ich für jeden „Blödsinn" zu haben bin, dass mich schwierigere Stufen nicht leicht einschüchtern. Aber irgendwie hat dieses Etwas in mir genug von all den Stufen und der Anstrengung. Irgendetwas in mir glaubt/meint, es muss doch auch anders möglich sein!

Ich weiß, ich weiß – ich höre dich schon: "Was sagt deine Instanz dazu?". Na-ja, was sagt meine Instanz dazu? Wo ist sie eigentlich? Scheint irgendwo anders beschäftigt zu sein.

Hallo meine Instanz! Hörst du mich? Was meinst du zu dem Ganzen?

Du weißt nicht, welches Ganze ich meine?

Ja, du hast es einfach, für dich gibt es dieses Problem gar nicht.

Aber halloooo! Ich bin hier, ein Mensch oder eine Seele oder was auch immer – einfach ich – und für mich gibt es dieses Problem, obwohl ich nach diesem Hin und Her gar nicht mehr selbst weiß, was ich eigentlich meinte/wollte.

Okay! Schachmatt! Gewonnen!

Du hast Recht – das Problem gibt es nicht. Was bedeutet es dann aber? Nichts?

Mein lieber Coach, kläre mich bitte auf. Ich spüre zwar den Ansatz, dennoch … siehst du, welche Verwirrung ich gerade erzeuge.

Na gut. Dieses eine Mal noch, obwohl du es dir selbst schon eigentlich sehr schön beantwortet hast. Fassen wir es für dich als den Menschen, für deinen Verstand, zusammen: Was war, was ist die eigentliche Frage?

Es ging um den „Ich-kann-nicht-mehr-weiter-Zustand" und dass ich aufhören soll, aber nicht weiß wie oder was. Keine Alternative sichtbar.

Okay! Wir haben diesen „Ich-kann-nicht-mehr-weiter-Zustand". Schön. Und was setzt dieser Zustand logischerweise voraus?

Dass es demnächst weitergehen soll?

Ziemlich exakt.

Noch einmal zur Wiederholung:

Du bist im Jetzt, tust das, was du tust, und wo ist dabei der Geist? Der Geist ist im Weitergehen.

Was tut der Geist dort, wenn du im Jetzt bist und das tust, was du tust?

Ist es verwunderlich, dass es anstrengend ist, wenn du im Jetzt bist und tust, was du tust und der Geist oder zumindest irgendein Geist nicht mit Aufmerksamkeit bei der Sache ist, sondern im „Weiter" ist? Ist es verwunderlich, dass man das Gefühl hat, dass es derart nicht geht, dass sich etwas verändern muss, etwas geschehen muss?

In welchem „Weiter" ist der Geist/Verstand oder was auch immer, bitteschön?

Es kann nur eine Vorstellung sein, oder?

Es kann nicht die Realität sein, weil die ja Jetzt ist. Und da sind wir bereits zu Hause, bei unserem Bekannten ... Aus was bildet sich der Mensch eine Vorstellung? Ja, genau! – aus der Vergangenheit. Also ... Wenn der Geist im „Weiter" ist, obwohl es nach einer Zukunft klingt, ist er eigentlich irgendwo in der Vergangenheit verhaftet. Und was tut, was sucht er dort, wenn im Jetzt das zu tun ist, was zu tun ist?

Klar. Hat es auch mit meinen Schmerzen in der rechten Hand etwas zu tun? Ich habe das Gefühl, dass mich etwas an der Hand zieht, damit ich weitergehe, folge und so.

Meinetwegen nennen wir es so.

Ich nehme an, es hat keinen Sinn zu fragen, was es ist?

Warum nicht? Wer oder was hat Angst, dass wir ihn, dass wir es, anschauen? Ich sicher nicht? Würde ich dich an der Hand ziehen, könntest du es ruhig wissen. Wir haben doch keine

Geheimnisse. Diese Lektion haben wir eigentlich durch. Die Frage ist, ob du es wissen möchtest oder ob du nicht Angst vor der Wahrheit hast?

Habe ich?

Ich weiß nicht ...

Hast du nicht? Scherz! Klar hast du und hast du nicht. Warum solltest du eigentlich Angst haben, wenn alles so ist, wie es ist?

Frage ich mich auch gerade. Nur dann, wenn ich persönlich (was auch immer es wieder ist) etwas anderes haben will, als es gerade ist. Okay, warte, ich besinne mich. Ich hole ein paar tiefe Atemzüge, um mich zu zentrieren und verinnerliche wieder, dass alles so ist, wie es ist, egal wie es ist, und dass es so okay ist.

...

Warte ein wenig. Du hast gesagt, du musst dich zentrieren, es dauert ein Weilchen ...

...

So wie ich es empfinde, ist es dieser Mann, mit dem ich gerade arbeite und der mit seinen Gedanken in irgendeiner Zukunft

ist, der in die Zukunft schaut, dorthin möchte und intuitiv
weiß er, dass es mein Job ist (wenn überhaupt), mit ihm im Hier
und Jetzt zu arbeiten. Also möchte er mich zum Weitergehen
bewegen, obwohl ich dort, wo ich bin, richtig bin. Exakt der
gleiche Mann, der in unserem Auto bei dem „Fastunfall" mit-
gefahren ist.

So irgendwie kann man es beschreiben.

Es geht dennoch auch darum, warum er dich an der Hand
zieht. Er könnte dich doch loslassen und selbst dorthin spazieren, wo er hinmöchte. Es ist jedoch so – und hier beginnt
dieses seltsame Spiel der menschlichen verkehrten Logik –
er spürt, dass du ein gutes Gespür hast bzw. er meint, deine
Intuition, deine Impulse einzuschätzen – aber hat trotz
allem eine eigene genaue mentale Vorstellung davon, wo er
hin soll. Diese Vorstellung scheint ihm aus seinem jetzigen
Bewusstseinstand unheimlich zu gefallen und er möchte
dich aus seiner verkehrten Logik heraus, jenseits deiner jetzigen Impulse, von diesem zukünftigen Ding überzeugen.

Weil er auf dein Gespür vertraut, möchte er dich dazu
benutzen, dass du ihm seine ausgedachte (!) „Vision" abseg-
nest. Dazu muss er dich dorthin bringen, wo er sich selbst
(in seiner Vorstellung) befindet, was selbstverständlich eine
gänzlich andere Baustelle als die deine ist. Da er sich selbst
nicht vertraut, braucht er jemand anderen, der ihm sagt: „Ja,

das, was du vorhast, ist toll!" Der Haken dabei ist, dass er unbewusst weiß, dass du nicht für solche Spielchen zu haben bist. Aber er glaubt, dich trotzdem zu brauchen. Somit versucht er verschiedene Tricks anzuwenden, um dich dorthin zu „ver-führen", wo er glaubt, dich zu brauchen. Dann merkt er aber, dass es nicht leicht ist, dass du nicht wirklich von der Stelle zu bewegen bist. Das macht ihn wütend, weil er versteht, dass er keine Macht (über dich) hat. Diese Wut spürst du selbstverständlich.

Der Fakt ist: Dieser Mensch benutzt dich unbewusst für seine persönlichen Ziele, die anders sind, als die, an denen du im Jetzt mit ihm offiziell arbeitest. Er glaubt, wenn er deiner „Bewusstseins-Methode" folgt, also sich zuerst mit sich selbst auseinandersetzt, dann begegnet er sich in seiner jetzigen Schwäche, in seiner Unfähigkeit, in seiner Lähmung, während er sich selbst aber in der Zukunft als endlich mutig und stark platziert hat. Nur … immer wieder, wenn er dich aus seiner Zukunft mit dem Bild des Starken zu (ver)führen versucht und du das nicht zulässt, bzw. nicht beeindruckt bist, rüttelt es an seiner vorgestellten Stärke, weil er (wieder in seiner eigenen unbewussten Vorstellung) scheint nicht einmal stark genug zu sein um dich in seinen Bann zu ziehen – so viel zu den Ursachen bei dem „Fast-Auto-Unfall" und den Energien/Kräften die dabei mitgewirkt haben. Selbstverständlich durchschaust du dieses Spiel, was in einem einseitigen Kampf ausarten kann und ein Teil von dir versteht nicht, wie du in so etwas (wie einen Kampf mit der Person) hineingeraten konntest.

Meine Liebe, was sollst du denn tun?

Alles ist eine Erfahrung, nicht wahr?

Hast du die Erfahrung bereits erfahren? Dann kennst du jetzt eine weitere subtilere Facette von Macht, Kampf und Manipulation und auch was alles (auch augenscheinlich „harmloses") dahinterstecken und wie es sich anfühlen kann und zu was es führen, bzw. in was es sich manifestieren kann – z.B. in einem (Auto)Unfall.

Ist das nicht wunderbar?

Jetzt kannst du die Hand, die er versucht zu halten, an der er versucht zu zerren, loslassen. Ist ja nicht deine Hand. Sie existiert nur in seiner (unbewussten) Vorstellung und fertig. Nicht mehr und nicht weniger.

Und ich muss dir hoffentlich nicht sagen, dass es mehrere solche Menschen derzeit in deiner Umgebung gibt.

Ist es das? Mein Traum von zuletzt? Der Bus voll mit mir eigentlich nicht bekannten Menschen, die weiterwollten, obwohl der Weg immer unwegsamer wurde? Die nicht rasten konnten, nur immer weiter und weiter gehen, fahren wollten?

Ja, so kann man es sagen.

Warum war ich mit diesen Menschen überhaupt in dem Bus?

Mir war auch dort im Traum bewusst, dass ich nicht weiter will. Spielt mein Mann dabei eine Schlüsselrolle? Im Traum war er selbst vom Rasten nicht angetan und schien auch weiter mit den anderen zu wollen. Ich konnte ihn nicht für die Raststation begeistern, folgte ihm also ziemlich unfreiwillig wieder in den Bus.

Ja, er lässt sich manchmal treiben. Warum auch nicht? Ist ja nichts Schlechtes dabei. Allerdings sollen wir uns hier nicht mit ihm beschäftigen. Seine Baustelle ist seine Baustelle, und dies hier ist dein Coaching. Deine Frage ist, warum du ihm folgst, wenn du eigentlich gerne bleiben würdest?

Weil ich dann alleine bin? Weil alle dann weg sind?

Wer sagt es, dass du dann alleine wärst?

Gute Frage.

Wer sagt, dass dann nicht andere Menschen/Wesen auftauchen würden? Vielleicht ist dein Blick derzeit nur auf solche

Weise auf diese Menschen, auf deinen Mann fokussiert, dass du die anderen einfach nicht siehst?

Eine Möglichkeit wäre doch, du lässt sie (mit dem „Bus") wegfahren und wenn sie weg sind, beginnst du die Umgebung auf deine eigene Weise zu entdecken und merkst, was du vorher nicht sahst, weil es die anderen, auf die du ausgerichtet warst, nicht sehen wollten. Und wenn du dich an deine Trauer vom Traum erinnerst, dann stimmt es vielleicht gar nicht, dass du es nicht gesehen hast, sondern nur aus Liebe zu deinem Partner und den anderen so getan hast, weil du wusstest, dass sie es nicht sehen wollen.

Die andere Alternative ist: Wer sagt, dass wenn sie ohne dich weggefahren wären, sie nicht nach ein paar Minuten zurückgekommen wären? Vielleicht wäre es ihnen erst so möglich, zu sehen, sich bewusst zu werden, dass du ihnen fehlst oder dass es auch etwas anderes geben muss, wenn du dich trotz der Liebe zu ihnen zum (Weg)Bleiben entschieden hast. Die Neugier der Menschen ist nicht zu unterschätzen! Sie wollen fast immer wissen, was der andere sieht, fühlt, wahrnimmt, was er selbst nicht sehen, fühlen und wahrnehmen kann! **Vielleicht wäre dies die sinnvolle Hilfe, die du immer anzubieten versuchst: Deinem Gefühl zu vertrauen, ihm zu folgen und sich vor der scheinbar drohenden Einsamkeit nicht manipulieren zu lassen. Warum schenkst du dir nicht eine Erfahrung, was dann geschieht?**

Weil ich mir nicht bewusst bin, wie ich es tue, wie ich diesen Traum als eine Metapher in meiner Realität umsetzen soll. Meiner eigenen Meinung nach, bin ich schon von dem Verharren und sich nicht von der Stelle zu bewegen eigentlich ganz verhärtet.

Ja und nein. Körperlich möglicherweise. Aber geistig folgst du ihren Blicken, ihren Gedanken, ihren Sehnsüchten, weil du sie immer wieder zu erreichen versuchst und irgendwo glaubst, das geht nur dort, wo sie selbst sind. Und deswegen begibst du dich geistig immer wieder auf diese Reisen in die Weite, um ihnen dort zu begegnen, sie dort ein- und abzuholen oder sonst was, was der Verstand fähig ist, sich zusammenzureimen. Und diese Menschen sind dann äußerst zufrieden! Sie schätzen dein Bemühen um sie. Sie wissen sogar, dass es für dich nicht leicht war, dorthin zu gelangen, dass es dich fast alle deine Reserven gekostet hat. Sie baden sich regelrecht in dieser Energie deiner Aufopferung und scheinbaren Liebe, die du ihnen zukommen lässt. Und …? Nächstes Mal fahren sie noch weiter, ins noch unwegsamere Gelände, damit deine Anstrengung, deine Liebe, den gleichen Wert für sie hat. Wo ist der Sinn dieser Geschichte? Wem wird damit geholfen? **Wer bist du bitteschön, dass du aus deiner letzten Kraft die Tröpfchen der Liebe, die dir noch übriggeblieben sind, in diese kargen Gegenden, welche sie sich selbst ausgesucht haben, trägst?** Siehst du nicht, wie sie dich auslachen? Wie sie sich über dich lustig machen? Auf diese Art willst du ihnen Gott näherbringen? Gott, den es immer und überall gibt? Warum sollten sie ausgerechnet deine erschöpfte Liebe brauchen, wenn es von der einen LIEBE überall genug in der Fülle gibt? Wiederum dir zu Liebe? Damit du eine Bestätigung bekommst, dass du Liebe in dir hast? Dass trotz der unmöglichen Wege immer noch ein bisschen in und von ihr bleibt? Mensch! Was für ein Unsinn! Was für ein großartiges Spiel! Wie verrückt! Wie komplett verrückt! **Wer trägt bitteschön kilometerweit einem Wanderer einen Eimer voll mit Wasser nach, wenn der direkt am Ufer eines wunderschönen Flusses wandert? Und wer regt sich auf, wenn der Wanderer höflich diesen Eimer ablehnt, weil er gar nicht durstig ist?**

So, das hätten wir für heute geklärt. Sei nicht geschockt, du bist nicht die Einzige, die in der Gegend herumrennt. Wundere dich nicht, wenn etwas in dir nach Aufhören und dass es nicht mehr (so weiter) will schreit. Alles ist so wie es ist … und das ist gut so.

Viel Spaß noch heute.

Danke!

KANN MAN DAS LEBEN VERPASSEN?

Ich fühle mich mir selbst entfremdet, als ob ich in einem fremden Körper stecken würde. Irgendwie ist es eklig. Ich kann mir kaum mehr in meinem Körper begegnen. Ist es ab jetzt der normale Zustand, an den ich mich gewöhnen muss? Ich scheine zu einem fremden Wesen zu mutieren. Das kann doch nicht wahr sein! Sag mir bitte, dass es nicht wahr ist. Ich war doch immer ich! Egal in welchem Zustand mein Körper gerade war, ob ich dünn oder dick, krank oder gesund, Geschäftsfrau, Hausfrau, Therapeutin, Kind, Teenie oder ein Vamp war, irgendwo war ich immer ich – immer die gleiche Energie dahinter. Was ist geschehen?

Wie du spürst … als erstes wäre eine ordentliche Tränendusche von Nöten. **Du hast deine Hausaufgaben gemacht und jetzt meinst du, dass es an der Zeit ist, eine Belohnung dafür zu bekommen. Jedoch wer sagt, dass die (Haus) Aufgabe zu Ende ist?** Meinst du nicht, es wäre ein zu großer Aufwand, für solch einen kleinen Augenblick dein gesamtes „Kostüm" umzuwandeln?

Sehen wir es mal so: Du bist in einer Situation, die nicht besonders angenehm ist – ja, und? Weißt du, wie es ist, in der Haut von jemandem der sich so anfühlt zu stecken? Spürst du, warum der so ist, wie er ist – dass er sich vor sich selbst ekelt? Dass er am liebsten den ganzen Tag vor dem Fernseher hocken würde, keinem in die Augen schauen würde, damit ihn jeder und alles in Ruhe lässt, damit er sich selbst nicht verrät, dass er von sich selbst genug hat. Wichtigtuerei ist eine Masche der besonderen Art. Es heißt sogar: Wichtigtuerei. Das heißt, man ist nicht wichtig, man tut nur so, als wenn man wichtig wäre. Dafür muss man laut sein, dafür muss man präpotent sein. Denn nur auf solcher Weise macht man die anderen klein.

Verstehe, das hier ist kein Spiel! Das hier ist ein Theater der besonderen Art – „Erlebe-es-selbst-Art" (zweideutig als Art und auch Kunst verstanden).

Du hättest nie gedacht, dass es so weit kommen könnte?

Du hättest nie gedacht, dass du in der Haut von emotionalen Verbrechern stecken könntest?

Wieso denn nicht?

Von allen anderen Menschen ja, aber nicht ausgerechnet in der Haut von solchen?

Warum? Weil du Angst hast, darin jemanden zu erkennen? Jemand bestimmten noch mehr zu durchschauen als du es bereits getan hast? Und was wenn derjenige es möchte? Was, wenn derjenige genug von sich selbst hat? Was, wenn er seine Rolle des Kotzbrockens verlassen möchte und es ihm nicht gelingt? Was wenn es sein Geschenk an dich ist?

Dein Bauch fühlt sich wie ein Klotz an? Mit was ist er gefüllt? Mit Hass, Ärger und Ablehnung der ganzen Welt gegenüber? Geringschätzung, Hochmut, Perfektionismus, der keinen weiterbringt, weil er nie erlaubt, auch nur einen geringsten Schritt nach vorne zu tun? **Immer nur das wiederholen, was man mit Sicherheit und perfekt kann?!**

Neue Schritte, erste Schritte auf unbekanntem Boden sind bekanntlich tollpatschig, holprig, alles andere als perfekt. Die Welt und das Leben im Fortschritt, im Voranschreiten abzulehnen, ist die beste Methode für eine „Möchte-gerne-wichtig-sein-Person". Alles um sich erstarren zu lassen, es einzufrieren, so wie es gerade ist, in einem Zeitpunkt einer gewissen Perfektion, in einem Moment, kurz bevor es ins Unbekannte weitergehen soll. Die Manipulationsmethode der Geringschätzung von Allem um sich herum ist die beste Methode, eine Kontrolle zu übernehmen, den Regisseur zu spielen und die Umgebung, die Mitmenschen in einen Abhängigkeitsbann zu ziehen, damit es diesen nicht möglich ist, das eingefrorene Feld zu verlassen.

Du hast dich in solch ein Feld begeben. Du wolltest wissen,

ob eine Bewegung aus diesem heraus möglich ist. Was kann dir in der Tat in so einem Feld begegnen? Das Leben? O nein! Glaubst du, das Leben kann man einfrieren? Egal wie stark und mächtig man glaubt zu sein, ob der höchste Politiker selbst, ein Schamane oder ein Magier – das Leben lässt sich nicht kontrollieren! **Das Leben lässt sich nicht bündeln, das Leben lässt sich nicht einmal** zähmen, das Leben lässt sich **gar nicht bitten und schon überhaupt kann man das Leben nicht einsperren oder in einer bestimmten Phase einfrieren.** Jeder, der dies versucht, kickt sich aus dem Leben, aus der Lebendigkeit, heraus. Könnte man dies alles Erwähnte mit dem Leben anstellen, gäbe es längst kein Leben mehr. Alles wäre überall angehalten und erstarrt, weil jeder einzelne Mensch auf diesem Planeten sich irgendwann in seinem Leben wünscht, es anzuhalten. In solchem Moment hält er selbst den Atem an, schaut zurück auf das, was war und nicht mehr auf das, was ist. Er sucht etwas, aus sicherem Abstand heraus, ohne sich nach vorne zu bewegen, ohne sich von der Stelle zu rühren.

Wenn ein Mensch das Leben selbst ist und er den Atem, den Augenblick, aus welchem Grund auch immer, anhält … was geschieht dann? Genau das, was genau alle Menschen irgendwann im Leben empfinden – das Leben rennt an ihnen scheinbar vorbei.

Je nachdem, für wie lange der „Atem" angehalten wurde …

wenn der Mensch wieder loslässt und atmet … wie sieht es dann mit ihm und seinem, an ihm vorbeigelaufenen Leben aus? Ist er wieder sofort online, aktiv im Spiel, in der richtigen Bahn, an seinem ursprünglichen Posten oder muss er zuerst alles einholen, was er verpasst hat? Was meinst du?

....

....

....

....

....

....

....

....

....

....

....

Dieses Gefühl, etwas verpasst zu haben und es einholen zu müssen, kennt wahrscheinlich auch fast jeder.

Kann man das Verpasste tatsächlich einholen?

Wir müssen uns bewusstwerden, dass wir noch immer über das Leben sprechen. Wie könnte man das Leben einholen? Das würde heißen, dass man das Leben auch überholen könnte und das ist logischerweise nicht möglich. Würden wir das Leben überholen können, würden wir uns in einer Sphäre befinden, wo kein Leben wäre und dies ist auch nicht möglich. Das Leben ist doch immer und überall! Ich hoffe es ist klar, dass ich ziemlich verständlich gesagt habe, dass man das Leben nicht einholen kann. Und doch sind unzählige auf der Jagd. So viele eilen irgendwohin. Wohin denn bitteschön? Wenn es das Leben nicht sein kann, **was ist dermaßen wertvoll, dass es sich lohnt, fast das ganze Leben dem nachzueifern?**

....

....

....

....

Was meinst du, warum sind wir heute, bei diesem Thema gelandet?

Ich habe keine Ahnung … bin baff … ungefähr seitdem du die ersten Zeilen geschrieben hast. Nicht einmal im Ansatz fühlte ich, dass wir uns heute in diese Richtung bewegen würden bzw. dass es das ist, was meinen Bauch so martert. Also frage ich dich noch einmal: Was hat dies, bitteschön, mit mir zu tun? Ist mir all das über das Leben nicht bekannt genug? Versuche ich noch immer anzuhalten, versuche ich zu jagen?

Meine Liebe, wie soll ich es dir erklären … Lass mich eine Sekunde lang nachdenken … Komm kurz mit mir auf eine Reise ins Ungewisse und schau, was wir dort finden …

Spürst du das? Was ist in dir/mit dir passiert, als ich erwähnte, dass du mir ins Ungewisse folgen sollst?

....

....

....

....

....

Ein winziger Augenblick und doch ist so viel in dir vorgegangen! Hast du angehalten? Den Atem?

Hast du gezögert?

Oh ja! Einen winzigen Moment lang aber dann hat etwas in dir sofort reagiert und gesagt: „Das ist doch kein Problem, diese Ungewissheit. Das Leben ist immer und überall, deswegen kann es nicht überaus schlimm sein!" Und du hast im Vertrauen und ziemlich leichtfüßig den weiteren Schritt getan und dann ... wurde es in dir unruhig. Etwas in dir hat sich erneut gerührt und du empfandest Angst und Unsicherheit. Anderes „Etwas" in dir hatte Angst, weil du stellvertretend für „es" einen unbekannten Boden betreten hast.

Bist du es gewesen, die sich so erschreckt hat?

Nein, sicherlich nicht!

Das Leben ist doch immer und überall und das verleiht dir Sicherheit. Unbeeindruckt davon haben wir gemeinsam gleich am Anfang unserer Reise etwas entlarvt, was sich zu verstecken versucht, was bei dir mitvegetiert und dich, wie du es erfahren hast, aus eigenen Gründen zurückzuhalten versucht. Warum? Ich glaube, das ist jetzt ziemlich klar. Unabhängig davon, dass es die Angst und das Unbekannte nicht besonders mag, hat es gelernt, dass du es jedes Mal identifizierst, wenn es Angst hat. Es mag nicht, wenn du voranschreitest – außer du drehst dich im Kreis. Denn so wird es nicht sichtbar, weil du an den bekannten Stellen trittst, die dem nicht Angst machen.

Ja, egal wie sci-fi-mäßig das jetzt klingt was du da sagst, aber es ist etwas, das ich voll nachvollziehen kann – zumindest jetzt. Es ist, glaube ich, genau das, was mich unglücklich und hilflos macht, weil ich nicht weiß, warum es hier ist, wie ich es mir zugefügt habe und was soll ich, was kann ich mit dieser Besetzung (?) tun? Wenn ich annehme, dass es wirklich so ist, wie wir jetzt hier geschildert haben, auch wenn es wahrscheinlich nur eine vereinfachte Darstellung ist ... wie geht es weiter? Was kann ich tun? Was soll ich tun? Es macht mich krank, mich andauernd im Kreis zu drehen und nicht einmal zu wissen warum.

Wir müssen zuerst mal sehen, wie du diese Sache in dein Denken integrieren kannst. Hast du Angst davor, dass da etwas ist, was dich beherrscht, was dich scheinbar unter Kontrolle hat?

Nein! Angst hast du nicht wirklich, außer du denkst daran, dass du wegen diesem Ding etwas in deinem Leben, etwas aus dem Leben verpasst. Und an dieser Stelle leuchtet dir wahrscheinlich auch gleich ein, warum wir heute dieses Thema gewählt haben. Bevor wir beginnen, dieses Ding zu suchen, es wegscheuchen zu wollen, ihm zu drohen oder es anzuflehen und zu bitten wegzugehen – und „es" muss auf uns überhaupt nicht hören – ist es doch besser etwas zu tun, was du in eigener Hand hast, nicht wahr?

Diese Angst, etwas in deinem Leben zu verpassen, zu spät zu einer Bushaltestelle zu kommen bzw. sie gar nicht zu finden oder in einen falschen „Bus" einzusteigen, ist derart tief in dir verankert, dass wir uns bei diesem „Es" nur bedanken können, dass es für dich, durch seine Hilfe und dadurch, dass Es so ist wie es ist, sichtbar und transparenter geworden ist. Wenn dein Leben gerade wie am Schnürchen läuft, wenn du dich im Plan und im Fluss mit allem was ist fühlst, dann taucht dieses Gefühl nicht besonders eindeutig auf und du kannst damit bewusst nichts machen. Also Dankeschön, liebes „es", dass du so nett warst und mir geholfen hast … (bla-bla-blabla-bla-bla) … sicherlich ist diese Dankesrede ein wenig übertrieben, aber warum nicht?

Ja, es hat sich ein wenig gelichtet … ich glaube, ich verstehe was du meinst. Fühlen kann ich es noch nicht ganz, weil der Bauch noch immer „besetzt" ist.

Gut, lassen wir uns davon nicht ablenken … Das Thema ist: Kann man im Leben etwas verpassen?

Wenn du so fragst, wahrscheinlich nicht … wie ich dich kenne :)

Wenn du mich kennst, dann würdest du sagen, dass ich ja und nein sagen würde ;)

Verpassen kann man tatsächlich etwas – und zwar die eigenen Vorstellungen und Erwartungen und die damit zusammenhängenden mentalen Ankerpunkte, durch die man sich das gedachte Leben quer bis zum Tode abgesteckt hat. Stationen, Situationen, Ereignisse, Errungenschaften – an all dem könnte man vorbeirauschen, wenn es Gedanken waren, die nicht dem eigenen Leben entsprungen sind, sondern dem, was man für sein eigenes Leben gehalten hat oder halten wollte.

... das ist klar ... darüber haben wir schon abermillionen Mal gesprochen

... und doch war dir/ist dir, irgendwo nicht ganz klar, ob du etwas Echtes, also das Leben verpassen kannst oder nicht.

Dabei gibt es nur eins: Sich zu besinnen und zu sehen, woher diese Zweifel kommen. Unsere alt bekannte verkehrte Logik[8]

---

8   *Der Begriff „die verkehrte Logik" wurde im **Band 2 „Die verkehrte Logik"** der **BewusstseinsCoaching-Reihe** eingeführt und ausführlich, mit zahlreichen Beispielen welche die Transformation der verkehrten Logik erläutert, beschrieben: „Manchmal schaltet sich bei den Menschen die verkehrte Logik ein. Irgendetwas funkt dazwischen und braut aus möglich erscheinenden „Tatsachen" ein Konstrukt zusammen, das an ihr gewohntes Denkschema angepasst wird und nutzt ihre eigene Logik, ihren Verstand um ihnen das Unlogische logisch erscheinen zu lassen."*

versucht Schlüsse über das Wahre aus dem Verkehrten, aus dem, was gar nicht echt, was unlogisch ist, zu ziehen.

Weil du in deinem Leben und auch aus der Beobachtung der anderen gelernt hast, dass sie immer wieder an etwas vorbeirauschen, dass sie andauernd jammern, etwas verpasst, unwiderruflich verloren zu haben, lebt in dir diese Angst: Was, wenn es auch dir passiert? Das Menschen-, das Erdenleben ist immerhin eigenartig genug. Es erscheint seltsam, dass alles, was einem wert und lieb ist, irgendwann verlorengeht, verschwindet oder man es erst gar nicht zu finden weiß. Und weil dir das Wertvollste das Leben ist, zitterst du in deinem Unbewussten darum. Allerdings lassen sich diese zwei Ebenen gar nicht vergleichen! Eine, die konstruiert, die aus erstarrten Sehnsüchten erschaffene und projizierte, und die andere, wo man sich nicht zu sehnen braucht, weil immer alles da und beständig lebendig ist.

Ich verstehe.

Dort bin ich zu Hause, in diesem geistigen, bewusstseinsmäßigen Bla-bla-bla – entschuldige bitte, aber ich kann es gerade nicht anders nennen, weil es doch immer dasselbe ist. Irgendwann hört es sich auch nur mehr schallplattenmäßig an und trotzdem, wie du siehst, wie ich sehe, brauche ich diese Wiederholungen, um mich erneut, zum millionsten Male, zu besinnen :(

Und auch, wenn alles klar und logisch erscheint, keimt nichtsdestoweniger irgendwo in mir ein Verdacht; dieses unheimliche, alles anzweifelnde, kotzige Nichts. Es holt sofort irgendwelche Beispiele aus meinem eigenen Leben in mein Bewusstsein hoch und will mir beweisen, dass es doch etwas Wertvolles gibt, dass ich bereits verloren habe oder es verlieren oder gar nicht erst bekommen werde.

Da ist dieses aktuelle Beispiel mit der Uni, wo ich mich wieder aus verschiedenen Gründen angemeldet habe und ich dachte, ich lasse es mir frei, ob ich weitermache, es fertigmache – je nach meinem Gefühl, je nach meinem Empfinden. Und dann wurde das Ganze zu einer Parodie und ich, obwohl davon mittlerweile „deppert krank" im Kopf, konnte mich nicht entscheiden aufzuhören – weil:

Was, wenn das Leben dennoch von mir will, dass ich es abschließe, dass ich mich einfach mehr anstrenge?

Was, wenn es dabei gerade um eine Prüfung ging, wie bereit ich bin die Zähne für das Leben zusammenzubeißen?!

Und was, wenn ich irgendwann später das Diplom tatsächlich brauchen sollte und mir jetzt derart leichtfertig, wegen irgendwelcher lächerlichen Unpässlichkeiten diese Chance selbst nahm und dadurch auch dem Leben den Rücken gekehrt habe? Ja, so fremd denkt etwas in mir.

Ich weiß, ich weiß – alleine wie ich es sage, klingt es schon idiotisch und überhaupt nicht nach mir. Wann hatte irgendeine irdische Schule eine Priorität für mich, außer die erste Klasse Grundschule? Aber jetzt, wenn ich spüre, dass ich etwas im Leben bewegen kann und könnte, habe ich Angst, dass ich mir selbst diese „Chance" wegen irgendeinem nicht existenten Diplom/Zertifikat verwehre. Du brauchst mir, glaube ich, gar nicht zu erzählen, dass es unsinnig ist. Das weiß ich doch selbst. Trotzdem war dieser „Uni-Zirkus" extrem präsent, dass ich trotz aller üblichen Zeichen erst beim dritten Mal fähig war, mich von dem Studium (wieder einmal eines) abzumelden – und das auch nur mit Zweifel und Schuldgefühlen. Ist ja auch ein Grund, warum ich mich nicht als ich fühle und warum ich nicht mehr weiß, wer oder was in mir eigentlich studieren wollte.

Warum so kompliziert?

Wir haben doch eine Formel dafür erarbeitet! Es war eine Erfahrung nicht wahr?

Ist es nicht großartig, solch eine intensive Erfahrung zu machen, wie so manche Vorstellungen und Einbildungen von etwas, was unbedingt notwendig ist, was man braucht, ob selbst ausgedacht oder von Fremden projiziert – wie stark diese wirken und wie sie auch andere

Menschen, nicht nur dich, vom „Leben" abhalten können? Kein Wunder, dass sie Angst haben, etwas verpasst zu haben und dass sie versuchen, z.B. nach solch einem fünfjährigen oder längeren Studium das Leben schnell nachzuholen. Und diese ewige Unzufriedenheit, weil man es nie nachholen kann, bleibt aller Bemühungen zum Trotz lebenslang bestehen.

Das Leben ist wie es ist. Es gibt nichts nachzuholen!

Der Trick ist: Obwohl man das Gefühl hat, etwas ist an einem vorbeigerauscht, hat man es trotzdem nicht verpasst!

Vorbeigerauscht – dieses Wort verrät eigentlich alles!

Wenn an jemandem etwas vorbeigerauscht ist heißt es, er war mitten drin, es hatte nur eine andere Geschwindigkeit, als die, mit der sich gerade seine Bewusstheit bewegte, aber es heißt nicht, dass es auf anderen, der unbewussten Ebenen nicht passiert ist.

Alles ist immer hier – zu jedem Zeitpunkt.

Alles was geschieht, geschieht einfach – und basta!

Das Leben ist immer und überall. Man kann es nicht verpassen und deswegen braucht man nichts nachzuholen

oder sogar zu jagen. Es ist immer alles da. Auch das, was da sein soll, unabhängig davon, ob man es glaubt oder nicht.

Das Leben ist in sich selbst lebendig. Das Leben ist nicht fordernd und nicht nachtragend.

Das Leben ist das Leben.

Viel Spaß damit!

Aktuelle Informationen zu Seminaren, Workshops und anderen Veranstaltungen der BewusstseinsAkademie®, sowie zu weiteren Büchern, die im Verlag der BewusstseinsAkademie® erschienen sind, finden Sie unter:

www.BewusstseinsAkademie.com

Aktuelle Artikel der Autorin Kristina Hazler sowie Informationen zu Ihrer Beratungs-, Coaching-, Training- und Therapietätigkeit u.a. auch zum Thema Hochsensibilität, Genialität, Aspektologie ... und ganzheitlichen physischen, psychischen und energetischen Konditionsaufbau finden Sie unter:

www.KristinaHazler.com

Bücher der Autorin, aktuelle Textartikel und Ausbildungseinheiten zum Download, finden Sie im Online-Shop BewusstseinsWelten, wo Sie auch Seminare und Beratung direkt buchen können:

www.BewusstseinsWelten.com

Der Mensch und seine Heilung

Das göttliche Puzzle

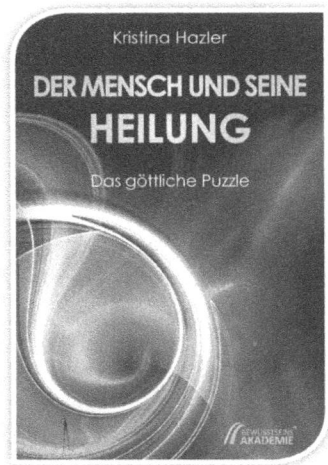

ISBN: 978-3-903014-00-8

Mit viel Gefühl und Phantasie führt die Autorin die Leserinnen und Leser mittels bunten Gedankenbildern und anschaulichen Beispielen durch die spannenden Zeilen des Buches und fordert sie auf, aus den eingefahrenen und vorgegebenen Vorstellungen, Überzeugungen und Verhaltensmuster auszusteigen, besser in sich selbst hinein zu hören und sich mehr bewusst zu werden. Akribisch, detailgenau und physisch fast spürbar legt sie den Beweis vor, wie der erste Schritt zur Heilung im eigenen Erkennen liegt.

Eine wahre Geschichte

Die Heilerin und der Einweihungsweg

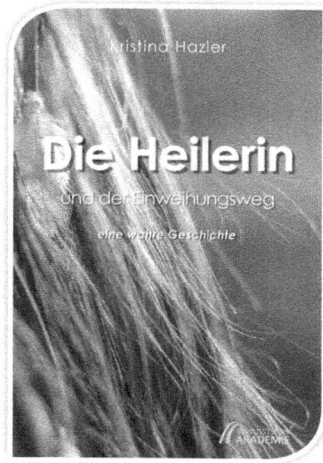

ISBN: 978-3-903014-22-0

Das Buch „Die Heilerin und der Einweihungsweg" beschreibt eine wahre Geschichte mit einem gänzlich subjektiven Inhalt: „Viele Monate verbrachten wir damit, unser Glück mit eingeweihten Methoden zu bemühen. Wir sandten heilende Energien auch in unsere Vergangenheit und unsere frühere Leben um die Blockaden zu lösen, die sich scheinbar „unglücklich" auf unser aktuelles Dasein auswirkten. Aber! … Unsere Lektionen in der Welt der Wunder und des Wunderns waren noch lange nicht zu Ende."

Erwachen im MenschSein

Das Experiment

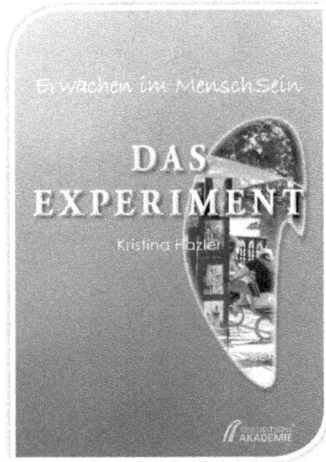

ISBN: 978-3-903014-03-9

„Das Experiment – Erwachen im MenschSein" ist ein aufregender, intensiver und geistig stark fordernder Roman zur Selbsterkenntnis und Selbstfindung mit intuitiven Heilungselementen. Die durch eine Vielzahl von Spannungselementen, plastischen Darstellungen und überraschenden Wendungen geprägte Geschichte eignet sich für den Leser hervorragend als Begleit- und Hilfsmittel zum eigenen Unbewussten und Erkennen des eigenen Ich.

Das menschliche Paradoxon

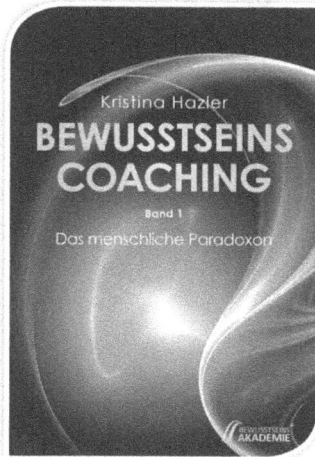

ISBN: 978-3-903014-04-6

Die als Bewusstseinscoach erfolgreiche Autorin beschreibt im Teil 1 der mitreißenden CoachingDialogen sehr persönlich und anschaulich die Möglichkeiten einer bewussteren Erfahrung unseres Selbst und unseres eigenen Lebens. Sie nimmt in ihren Geschichten den Leser mit auf eine packende Reise zum Verstehen und Erkennen des eigenen Ich. Durch eine ganz andere Betrachtungsweise und aus einem völlig veränderten Blickwinkel heraus leistet Kristina Hazler Hilfestellung, die Probleme etwas anders zu betrachten und zu erleben.

Die verkehrte Logik

ISBN: 978-3-903014-06-0

Der 2. Teil der aufbauenden Bewusstseins-Coaching-Reihe spricht verschiedene „Virusprogramme" unseres menschlichen Systems an, die wir in unserem Alltag unbewusst als „verkehrte Logik" ausleben und aus ihr heraus eine Art verkehrter Welt um uns herum aufbauen. Der Weg aus dem „Verkehrten", also zurück zu eigener Essenz und dem Natürlichen ist möglich, durch das Erkennen verdrehter Logik in unserem Leben und die Besinnung auf die natürliche, natürlich-logische Welt, die von der verkehrten nur überlagert wird.

BewusstseinsCoaching 3

Die Kunst der bewussten Wahrnehmung

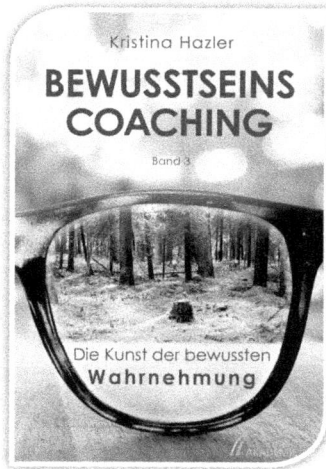

ISBN: 978-3-903014-01-5

Dieses Buch ist der 3. Teil der aufbauenden Bewusstseins-Coaching-Reihe und beleuchtet die „Kunst der bewussten Wahrnehmung", wie auch die vielen „Warum"-Fragen, die in unserem Leben auftauchen. Nach der verkehrten Logik aus dem Band 2 führt dieser Band wieder einige neue Begriffe, wie zum Beispiel den Wissenstransfer, ein und stellt die Technik der Kontrastmittel und der bewussten Wahrnehmung als weitere BewusstseinsInstrumente vor, während er uns nach und nach in einen Zustand begleitet, in dem wir fähig sind, unser eigenes „höheres" Wissen ins Menschliche zu bringen, zu transportieren.

BewusstseinsCoaching 4

Grenzgänge I

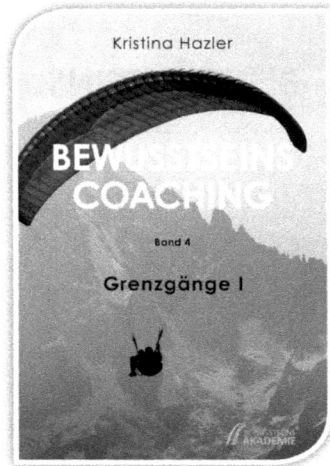

ISBN: 978-3-903014-02-2

Wir leben in der Zeit der geistigen und seelischen Herausforderung. Wir überschreiten täglich unsere persönlichen (Schatten)Grenzen, die uns durch Erziehung und Ausbildung in die Wiege gelegt worden sind. Und doch sollen wir uns immer wieder ein Stück aus dem Geschehen herausnehmen, um kein gejagter und getriebener Grenzgänger zu sein und einen Augenblick in der Liebe zu all den Grenzen, die wir bereits passiert haben, zu verweilen, um uns selbst, dank ihnen, in einem Spiegel der erfolgreich gemeisterten Herausforderungen zu sehen und anzunehmen.

BewusstseinsCoaching 5

Grenzgänge II

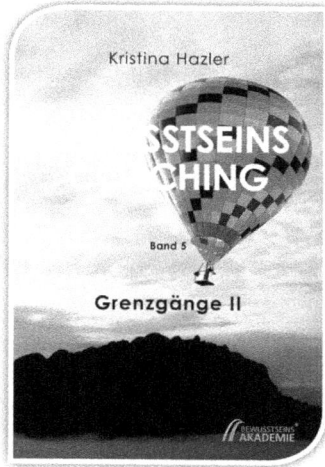

ISBN: 978-3-903014-05-3

Dieses Buch ist der zweite Teil von „Grenzgänge", das als Teil 1 im Band 4 von BewusstseinsCoaching erschienen ist. Die „Grenzgänge" beleuchten verschiedene Arten von Blockaden, die uns unbewusst in Form von inneren Grenzen, energetischen Stauseen und Dämmen, die uns in einer Art künstlicher Welt einsperren, unseren Horizont verengen und das berühmte Hamsterrad am Laufen halten. Und was wenn die Grenzen fallen und die Dämme brechen und die Energie, das Bewusstsein, sich wieder zu bewegen beginnen? Worauf sollten wir achten um optimal auf „Neues" vorbereitet zu sein?

www.ingramcontent.com/pod-product-compliance
Lightning Source LLC
Chambersburg PA
CBHW060350090426

42734CB00011B/2089